CHRISTINE HAAS

Vierge 2024

♍

Du 22 août au 22 septembre

Table

I: Votre Année 2024

II: Votre signe astrologique

Annexe

Partie I

Votre Année 2024

Votre décan en 2024

Lisez les 3 décans de votre signe, il est très fréquent qu'une ou deux autres planètes de votre thème occupent ceux qui ne sont pas le vôtre et que cela vous donne des renseignements supplémentaires. Tous les détails sur votre signe sur celastro.com

1er décan

DU 22-23 AOÛT AU 1ER SEPTEMBRE

EN RÉSUMÉ

Saturne s'oppose encore à vous jusqu'au 1er mars, après vous serez tranquille ! C'est-à-dire que vous n'aurez plus l'impression d'avoir des boulets aux pieds, ou que rien de ce que vous entreprenez n'avance. Et même sur le plan intime, personnel, vous avez pu vous sentir dévalorisé, manquer de confiance en vous, ou avoir une séparation à affronter. Heureusement, Jupiter vous envoie de bons influx jusqu'au 21 février et si vous souffrez d'un côté, vous aurez des satisfactions de l'autre. Peut-être sur le plan professionnel ? Une promotion pourrait être dans l'air, une mutation même pour certains… Par ailleurs, Pluton occupe à présent votre secteur du travail : soit, l'expérience aidant, vous allez approfondir une technique, soit vous avez quelqu'un de très exigeant (trop) sur le dos.

TRAVAIL, QUOTIDIEN, RELATIONS

Comme nous venons de le voir, Pluton retrouve le Verseau le 21 janvier et marquera votre année de ses très fortes énergies. En général, la planète fait appel à vos ressources cachées et peut vous aider à démarrer ou à redémarrer de zéro. Vous pourriez complètement changer de mode de travail, ou de façon de vivre au quotidien. Certains trouveront leur bonheur dans une activité liée au soin, d'autres s'épanouiront dans la comptabilité ou dans des métiers liés à la terre ou aux animaux, et en utilisant de nouveaux outils, parfois des logiciels dédiés. À partir du 25 mai, Jupiter atteindra votre secteur de carrière et on peut penser que vos efforts seront récompensés : promotion, direction d'un service, nouveau statut peuvent vous aider à vous affirmer davantage.

AMOURS

Vénus traversera les douze signes du zodiaque sans s'arrêter cette année. Ce n'est donc pas elle qui aura le dernier mot sur vos rencontres ou sur les problèmes de couple. Elle sera simplement à un bon endroit du ciel dans les moments heureux de votre année. Le plus important, pour votre bonheur, ce sera le transit de Jupiter qui n'est pas votre planète d'amour mais qui a pour vertu de vous ouvrir aux émotions, et à partir du moment où vous vous ouvrez, quelqu'un peut pénétrer dans votre cœur... Pendant la période jupitérienne (janvier jusqu'au 21 février) Vénus vous sera favorable du 23 janvier au 1er février lorsqu'elle traversera le Capricorne. Elle formera un triangle vertueux avec Jupiter et votre Soleil entre le 25 et le 31, période très agréable. Puis sa course la conduira à vous regarder avec bienveillance du 1er au 7 mai, et enfin elle occupera votre décan du 5 au 13 août : sentiments plus intenses ou rencontres, l'été sera chaud !

DIFFICULTÉS

Du 25 mai au 9 juillet, Jupiter en Gémeaux occupera votre Milieu-du-Ciel, votre secteur de carrière qui représente aussi les personnes importantes de votre vie. Vous aurez peut-être à vous occuper d'un parent qui n'est pas bien, ou qui séjourne chez vous. À moins que vous n'ayez des problèmes avec l'administration, la justice. Toutefois, la plupart du temps, la présence de Jupiter en haut de votre zodiaque est plutôt un signe de réussite et non de difficulté ! Vous pourriez atteindre un ou même plusieurs objectifs. Maintenant, quelques contrariétés avec Mars : Du 22 mars au 4 avril, Mars s'opposera à vous créant un rapport de force, une rivalité, un petit conflit à dépasser. Mais vous pouvez aussi avoir attrapé un virus. Du 20 juillet au 4 août, Mars en Gémeaux accentuera votre charge mentale : trop de boulot (un nouveau ?), de détails pratiques à régler ? Vous aurez besoin de toute votre énergie.

2e décan

DU 2 AU 12 SEPTEMBRE

EN RÉSUMÉ

Uranus terminera son transit en mars, elle vous regarde avec bienveillance depuis 2021 et a probablement permis à beaucoup d'entre vous de se débarrasser de certaines contraintes. Soit elles venaient de l'extérieur, d'un travail que vous avez quitté ou que vous avez fait évoluer dans le bon sens, soit elles venaient de l'intérieur, d'idées que vous aviez sur vous-même, sur la vie, et qui vous emprisonnaient dans un schéma. Vous êtes donc, a priori, comme un sou neuf et Jupiter va vous permettre de bien en profiter entre le 21 février et le 13 avril. Ce sont les dates précises de son bon aspect, mais il agit depuis l'année dernière en vous offrant des chances, des vraies chances de vous développer. À vous de conclure d'ici le mois d'avril… Avec un bémol début avril.

TRAVAIL, QUOTIDIEN, RELATIONS

Le premier transit de Jupiter, dans votre secteur 9, pourrait être lié à une amélioration. À un plus grand investissement dans votre travail avec, en retour, une forme de reconnaissance de ceux avec qui vous travaillez ou avez travaillé. Mais vous pouvez également, si cela vous est possible (selon votre âge), faire un beau voyage pendant cette période ou encore entamer une formation, passer un diplôme et l'obtenir. Le deuxième transit de Jupiter aura lieu quand la planète occupera les Gémeaux, votre secteur de carrière, du 9 juillet au 9 octobre : une période qui, sur la lancée de la première, peut vous permettre d'atteindre un objectif, « d'y arriver » comme on dit, et d'être fier de vous. Peut-être parce que ce sera une sorte de victoire sur vous-même.

VOS AMOURS

Jupiter en Taureau – son premier transit – occupe le signe de Vénus, planète d'amour (et d'argent aussi). Mais si l'on s'en tient à sa signification sentimentale, le fait qu'elle reçoive la visite de Jupiter peut donner un bon coup de booster à vos amours (Jupiter amplifie). Aussi, si vous êtes en couple et toujours amoureux, il se peut que vous soyez comblé/e par votre partenaire, ou que pendant la période, un événement heureux se produise, comme un mariage. En outre, au mois de mars, Jupiter sera en harmonie avec Saturne, un aspect de belle stabilité qui vous vaudra un agréable sentiment de sécurité. Célibataire, entre février et avril, il n'est pas exclu que vous fassiez une rencontre en voyage, peut-être avec quelqu'un d'origine lointaine. Pour certains : Vénus passera par la Vierge quasiment tout août, en dissonance avec Jupiter et Saturne. La joie et l'insouciance n'y seront pas, loin de là (né autour du 9 septembre).

DIFFICULTÉS

Et c'est là où les prévisions, plutôt belles jusqu'ici, doivent être modulées. Vous allez en effet recevoir une

opposition de Saturne à partir du 1er mars et pour le reste de l'année. Ce n'est pas forcément un mauvais aspect, dans beaucoup de cas cela peut signer une stabilité, comme je vous le disais plus haut. Vous pouvez également vous engager sérieusement avec quelqu'un, ou vous associer. Mais, dans beaucoup de cas, tout ce qui vous est promis peut être mis en attente ou alors évoluer très lentement. Autre interprétation : les bons influx ne seront pas empêchés ni même ralentis, mais vous aurez un problème, quelque chose de relationnel, et vous y penserez de manière négative. Un choix difficile à faire, ou alors l'attitude d'un proche voire de votre partenaire vous fera réfléchir, ou vous fera peur... Saturne sera activée par Mars fin mars et une partie d'avril, puis surtout en août où elle sera en dissonance privative avec Vénus et Jupiter. Ambiance très morose.

3e décan

DU 12 AU 22 SEPTEMBRE

EN RÉSUMÉ

Vous n'en avez pas terminé avec l'opposition de Neptune, que vous connaissez bien, mais cette année elle va avoir une ennemie irréductible : Uranus. Celle-ci continue le bon aspect entamé en 2023 et elle a pour fonction de balayer sur son passage tout ce qui crée de la dépendance, des contraintes, de l'instabilité autant dans les comportements que dans les idées. Bref, vous avez une puissante alliée pour combattre les illusions et les dépendances neptuniennes, il ne tient qu'à vous de faire ce qu'il faut. Avec l'aide de quelqu'un, bien sûr, mais cette aide sera efficace. Et elle le sera encore plus entre le 13 avril et le 25 mai, période où Jupiter sera en harmonie avec vous, tout en croisant la route d'Uranus à qui elle donnera encore plus de force. Aussi le principe de réalité, la sécurité dont vous avez besoin, votre pragmatisme, tout cela sera mis en avant par la conjoncture et vous ferez un grand pas en avant.

TRAVAIL, QUOTIDIEN, RELATIONS

Saturne, Jupiter, Mars sont les trois planètes qu'il faut prendre en compte (avec Mercure mais elle est trop rapide, elle gère le quotidien). De Saturne vous n'aurez aucune nouvelle, sauf si vous avez une planète dans

votre 2e décan ; vous n'aurez donc pas de bâtons dans les roues. De Jupiter, vous recevrez un bon aspect, nous l'avons vu, entre le 13 avril et le 25 mai. En général, ce genre d'aspect est très profitable, soit à votre bien-être, soit à vos apprentissages et autres découvertes, soit à vos centres d'intérêt. Il est possible aussi que vous fassiez un beau voyage… Réel, ou sous forme de voyage intérieur pour mieux comprendre les mystères de votre psychisme. Ce qui est sûr, c'est que vous serez content de vous, de vos progressions, et aussi parce qu'on vantera vos compétences. Vous pourriez même, à la rentrée, monter en grade (né autour des 12/13 septembre).

VOS AMOURS

Ce n'est pas toujours l'amour qui est au centre de vos préoccupations, la Vierge étant le signe du travail ! Et pour vous, quand le travail va, tout va ! Mais on ne peut pas vivre sans amour et si vous êtes à la recherche d'une relation, le passage de Jupiter en Taureau (chez Vénus) peut correspondre au début d'une aventure avec une personne d'origine étrangère, ou que vous rencontrerez au cours d'un voyage. Rien ne dit que cela va durer, Neptune est toujours là et certains se posent des questions (légitimes) sur leur schéma amoureux… Mais nous avons vu qu'Uranus et son côté libérateur allaient vous faire changer de cap et vous pourriez rencontrer quelqu'un de différent des précédents/tes. En couple, la période mars-avril-mai peut se révéler épanouissante, vos centres d'intérêt vous rapprocheront et il pourrait même y avoir un événement aussi heureux qu'imprévu.

DIFFICULTÉS

En dehors de Neptune, vous n'avez pas vraiment de grosses dissonances sur votre décan. Et ce sont ceux nés après le 18 septembre qui pourraient avoir à s'en plaindre. Et encore. C'est une opposition, ce qui ne veut pas dire qu'il y a des tensions mais que vous avez un choix à faire entre rêve et réalité, entre dépendance et indépendance... Cela peut être très difficile parce que vous pouvez, vous ou l'autre, être très attachés... Mais la planète n'est pas tout le temps activée, et c'est par moments que vous en aurez conscience. Quand Mars passera par conjonction sur Neptune par exemple, dans la 2e quinzaine d'avril, ce sera un moment un peu difficile au niveau d'un choix à faire et vous serez très troublé. Mais, bonne nouvelle, Mars ne passera pas par chez vous cette année.

Votre ascendant en 2024

Pour savoir quel est le décan de votre ascendant : twelv.love

Vous ne la ressentirez peut-être pas, mais Pluton revient en Verseau le 21 janvier (en même temps que le Soleil) et les deux vont éclairer votre ascendant, ce qui ne peut que produire de très profonds changements en vous. Soit parce que vous changerez d'activité, soit parce que vous ferez un travail sur vous-même et que, peu à peu, dans les deux trois années qui viennent, vous vous transformerez et surtout vous transformerez vos relations avec les autres. Et il n'est pas question ici de votre famille mais des gens en général, ceux avec lesquels vous travaillez, des relations qui peuvent avoir une connotation amicale. L'amitié aura d'ailleurs une grande importance avec Pluton, ainsi que les causes que vous défendez. L'évolution sociale vous intéressera tout particulièrement, entre ceux qui veulent le progrès – dont vous faites partie – et les autres, il y aura des dissensions. Jupiter (opportunités) sera également de votre côté à partir de mai et vous ressentirez particulièrement son harmonie avec Pluton qui aura lieu quasiment tout le mois. Il y a de la rénovation au programme, des transformations sociales concrètes et dont vous serez le premier à bénéficier.

TAUREAU

Jusqu'au 25 mai, vous recevrez Jupiter, comme l'année dernière pour certains, et ce sera une période propice à l'expansion, aux honneurs parfois, aux voyages, bref à tout ce qui peut vous emmener plus loin et plus haut. Mais attention, en général on a la « grosse tête » avec Jupiter ! Ne vous croyez pas supérieur aux autres et ne faites pas « la grenouille plus grosse que le bœuf » ! Ne jouez pas non plus « David contre Goliath », vous pouvez tomber sur plus fort que vous. Après le 25 mai, c'est le domaine des acquisitions qui sera au premier plan, avec pour les uns la possibilité de s'acheter un toit, une voiture, quelque chose d'important et pour les autres avec une conséquente rentrée d'argent, qu'il s'agisse d'un héritage, d'un dédommagement ou du fruit d'une vente. De l'argent que vous réinvestirez rapidement. Par ailleurs, certains seront de nouveau dans une impasse dès janvier, ou obligés de changer de job.

GÉMEAUX

Saturne se trouvant au zénith de votre zodiaque, il faudra compter avec le temps cette année. Tout sera lent, en revanche vous serez très constructif, sérieux dans ce que vous faites et vous serez certainement récompensé d'une longue attente. Tous les efforts que vous aurez faits se révéleront payants, mais ce sera plus ou moins évident selon le décan de votre ascendant. En tout cas, vous développerez ou aurez développé quelque chose – un produit peut-être – qui peut vous rapporter gros et vous assurer de prendre une place dont on ne vous chassera pas facilement. Ce sera actif pour les uns, en devenir pour les autres. Puis, cerise sur le gâteau, Jupiter entrera chez vous le 25 mai et n'en sortira plus de toute l'année, les trois décans y ayant droit. Vous êtes assuré de pouvoir vous développer davantage et d'obtenir le poste ou les honneurs que vous méritez. Cela dit, soyez le plus possible en règle avec l'administration, ne la traitez pas par le mépris !

CANCER

C'est une année de stabilisation qui s'offre à vous, surtout si votre ascendant est au début du Cancer. Mais chaque décan y aura droit au fil du temps. La planète responsable : Saturne, maître des horloges et de tout ce qui se construit avec le temps. Vous avez fait ce qu'il fallait, ou allez le faire (selon le décan de votre ascendant) et même si vous avez trouvé et trouvez encore le temps long, ou si vous avez dû travailler d'arrache-pied, vous n'aurez qu'à vous en féliciter. De plus, vous vous attacherez à votre activité, au point qu'elle sera indispensable à votre équilibre personnel, et financier bien sûr. Par ailleurs, Jupiter, la planète de chance sera favorable à vos projets et à votre avenir en général du début de l'année jusqu'au 25 mai : vous pourrez même passer du stade de l'idée à celui de la réalisation, mais plus tard, surtout si votre projet prend sa source après le 25 mai : il faudra alors attendre l'année prochaine. Mais le délai ne sera pas inutile pour lui donner des bases solides.

LION

♌

Votre ascendant sera très occupé cette année. D'abord, pour certains, il y a encore l'opposition de Pluton, qui a commencé en 2023 et se poursuit en 2024, avec cependant de bons influx pour l'empêcher de jouer un rôle négatif. Tout au plus aurez-vous des doutes sur la fiabilité d'un associé ou sur les sentiments de votre partenaire. Le plus important ce sont les influx de Jupiter, au zénith de votre ciel jusqu'en mai ; les uns pourraient grimper un échelon (promotion), ou recevoir un hommage, alors que les autres devront changer leur fusil d'épaule par rapport à un projet ; ce sera la part d'imprévu de l'année et elle aura lieu au mois d'avril. Puis après le 25 mai, Jupiter sera en Gémeaux et formera de bons aspects qui indiquent que vous allez pouvoir développer et imposer vos idées. Vous aurez certainement des alliés sur lesquels vous pourrez compter pour vous appuyer au moment où ce sera nécessaire. Une histoire de cœur ou une belle amitié pourraient aussi prendre leur source après cette date.

VIERGE

Déjà en 2023, votre ascendant a reçu de bonnes vibrations de Jupiter, mais tout le signe n'était pas concerné. En 2024, jusqu'au 25 mai, la planète de chance et d'expansion sera tout le temps en harmonie avec vous et vous facilitera grandement la vie. Parfois vous ne vous en apercevrez pas, vous trouverez normal de ne pas avoir d'obstacle à surmonter et ce n'est que s'ils se présentent que vous prendrez conscience de la chance que vous aviez auparavant. Certes, Jupiter sera rapide et certains auront déjà eu droit à une promotion, à un beau voyage, à des honneurs, voire à une réussite à des examens. Après le 25 mai, Jupiter siégera au zénith de votre zodiaque, ce qui n'est pas mal non plus ! Toutefois, vous aurez plus de responsabilités et donc moins de temps pour vous et pour votre vie personnelle. De plus, il faudra vous montrer ferme, parfois autoritaire, tout en restant très humain et respectueux de la sensibilité des autres, que ce soit au boulot ou en famille, avec les enfants si vous en avez.

BALANCE

Prévoyez une bonne année, surtout à partir du printemps ! Certains auront même la possibilité de conquérir le pouvoir grâce à un bon aspect de Pluton qui revient (comme l'année dernière) et s'installe définitivement. Pluton regardera le 1er décan de votre ascendant jusqu'en 2029 et si vous utilisez intelligemment ce pouvoir et l'argent qui va avec, vous n'aurez plus à vous inquiéter pour votre avenir. Par ailleurs, à partir de mai, Jupiter occupera le signe ami des Gémeaux et sera en harmonie avec Pluton : une grosse somme pourrait vous être offerte, et vous l'aurez gagnée grâce à votre travail. Par la suite, Jupiter ne quittera plus les Gémeaux et c'est la garantie pour vous de voir vos affaires se développer sans rencontrer d'obstacles. Côté cœur, ça devrait bien se passer aussi, Vénus sera souvent en phase avec vous et à chaque fois vous éprouverez un sentiment de plénitude. Normalement, 2024 devrait être une des meilleures années depuis longtemps. Et mieux encore si votre signe est en harmonie avec la Balance : Gémeaux, Lion, Sagittaire, Verseau…

Le plus important cette année, pour votre ascendant, c'est le retour de Pluton en Verseau dès le mois de janvier. Et elle s'y installe, 1er décan jusqu'en 2029. Son « travail » est de vous conduire de l'ombre à la lumière, des enfers d'où elle vient au paradis... Les métaphores sont nombreuses pour exprimer les changements, les mutations que vous allez entreprendre et qui passeront certainement par un travail sur vous-même, vous entraînant vers une meilleure connaissance de votre richesse intérieure, de vos ressources. Cela peut passer par des épreuves, mais elles auront pour but de vous (re) construire, le printemps (juin surtout) pouvant être un moment un peu difficile. Vous aurez cependant des aides parfois providentielles, mais elles ne vous seront proposées que si vous êtes assez ouvert aux autres et au monde en général pour les accueillir. Par ailleurs, la présence de Saturne en Poissons va dans le sens d'une plus grande stabilité et d'une volonté de votre part de trouver votre équilibre. Quelqu'un de plus âgé ou de plus expérimenté que vous jouera un rôle important.

SAGITTAIRE

Selon votre année de naissance, vous bénéficierez un peu ou beaucoup des bons influx de Pluton ! La planète entre définitivement en Verseau et d'énormes changements, des transformations radicales seront liées à cette conjoncture qui fait son retour après 245 ans d'absence. Elle était apparue en Verseau quelques années avant la Révolution française... Si vous y êtes sensible, cette planète peut accentuer tous vos pouvoirs, des pouvoirs liés à la connaissance, à ce que vous avez appris autant dans la vie que dans les livres. À cet égard, le mois de juin devrait être un des meilleurs de l'année. De plus, une association, un mariage, un contrat en or pourraient être au programme. Les célibataires, eux, auront peut-être la possibilité de faire une rencontre marquante. En revanche, un autre domaine risque d'être problématique, c'est celui de la famille, de la vie intime, à cause d'une dissonance de Saturne, déjà active en 2023. Devrez-vous vendre un bien, ou faire un choix difficile et renoncer à quelque chose ou à quelqu'un ?

CAPRICORNE

♑

Pluton quitte votre signe où elle était établie depuis 2008 et tout le temps où elle a été chez vous, les crises se sont succédé à l'échelle nationale et mondiale. C'est un des pouvoirs de Pluton que de créer des crises ; mais c'est aussi une planète de pouvoir et si vous y êtes sensible, c'est à présent le pouvoir de l'argent qui va être au premier plan. Toutefois, cela n'ira pas sans crises dans ce domaine, qu'elles soient personnelles ou non. Par ailleurs, votre planète maîtresse, Saturne, avait investi le 1er décan des Poissons en 2023, elle s'y réinstalle en 2024 mais jusqu'au 1er mars et ce sera alors le tour du 2e décan d'en recevoir les influx constructifs. Peut-être que vous aurez le sentiment d'être moins entouré, mais vous êtes de ceux qui ne détestent pas la solitude, surtout quand elle vous permet d'étudier, ou d'écrire (mémoires de fin d'étude, romans, essais, etc.). Il se peut aussi qu'un apprentissage vous ouvre des portes une fois qu'il sera terminé. En outre, la planète de chance (Jupiter) sera très favorable jusqu'au 25 mai : vous profiterez de belles occasions, tomberez amoureux ou aurez un enfant...

VERSEAU

C'est une année décisive pour certains : dès janvier, Pluton revient chez vous et s'installe dans votre 1er décan jusqu'en 2029 ! C'est la première fois que la planète transite votre signe ascendant depuis 1778, mais vous en avez déjà eu une idée en mai 2023 où sa dissonance avec Jupiter avait pu faire des dégâts. Cette année, elle revient accompagnée du Soleil (conjonction les 21, 22 janvier) ce qui va teinter toute votre année. Les uns vont acquérir un pouvoir dont ils devront user avec délicatesse s'ils ne veulent pas qu'on les traite de tyrans ! Les autres vont changer radicalement de vie, peut-être même repartir de zéro, les troisièmes connaîtront des épreuves, une crise qui sera nécessaire à une meilleure connaissance d'eux-mêmes. Mai et juin seront certainement des mois (surtout mai) de « gloire », de reconnaissance de vos talents, avec de belles récompenses financières pour certains. Toutefois, il est possible qu'il y ait des deuils autour de vous. Avec Pluton, on gagne d'un côté, mais on peut perdre de l'autre. C'est sa loi.

POISSONS

Votre année 2024 sera sous l'influence de Saturne, qui est déjà dans votre ascendant depuis quelques mois et y restera toute l'année. Cela n'arrive que tous les 29 ans et c'est en général un tournant dans votre vie. Cela dit, tout le signe n'est pas concerné cette année… Quoi qu'il en soit, vous ne pourrez pas vous y tromper car avec Saturne on construit, on grandit, on mûrit et on consolide ses acquis. Mais parfois cela se fait à travers une épreuve, tout dépend des états de Saturne le jour de votre naissance. Une relation amicale ou autre pourrait également prendre une importance particulière. Par ailleurs, Jupiter (chances, opportunités) vous sera favorable jusqu'au 25 mai, et surtout si vous êtes de ceux qui veulent se faire des relations intéressantes professionnellement. Vous pourriez également apprendre une nouvelle langue, ou agrandir votre champ d'action en ajoutant une corde à votre arc. Après le 25 mai, Jupiter occupera le secteur de la maison et de la famille. Les uns déménageront, achèteront un bien, alors que les autres verront la famille s'agrandir par le biais d'un mariage ou d'une naissance.

Vos prévisions 2024

mois par mois

Janvier

UN MOIS POSITIF POUR :

1. Créer quelque chose et le réussir ! Briller en restant quand même discret, en ne vous vantant pas, mais avec la certitude d'avoir fait quelque chose de bien. Soyez fier de vous, de ce que vous accomplissez, c'est important ce mois-ci (jusqu'au 20), c'est ainsi que vous aurez le sentiment d'exister davantage et de compter aux yeux des autres. Parfois, vous ne vous mettez pas assez en avant !
2. Profiter des bons influx de Jupiter et de Mars si vous êtes du 1er décan ! Jupiter est en Taureau, chez Vénus, Mars en Capricorne. L'amour peut donc s'épanouir et prendre plus de place sous cette conjoncture, de même que le désir que vous éprouvez. Mais vous pouvez aussi rencontrer ou avoir rencontré quelqu'un pendant les vacances. Cependant, peut-être qu'il/elle n'habite pas près de chez vous ou n'est pas libre.

CÔTÉ CŒUR

Célibataire, Vénus occupera sera le Sagittaire jusqu'au 23. C'est un secteur intime, très personnel, qui gère aussi la maison et la famille. Première chose : il faut apprendre à vous aimer davantage, et ensuite vous pourrez séduire plus facilement. Et justement, la période s'y prête : faites feu de tout bois si quelqu'un vous plaît ! Il se peut que vous retrouviez une personne du passé,

ou qui est d'origine étrangère. Après le 23, vous exprimerez vos sentiments plus facilement.
En couple, avec Vénus en Sagittaire, la famille sera le lieu où vous vous sentirez le mieux, le plus à votre aise pour exprimer vos sentiments. Il n'est pas exclu qu'il y ait un anniversaire à fêter et qu'une réunion de famille soit au programme. Par ailleurs, vous pourriez avoir envie de redécorer votre intérieur, de le rendre plus chaleureux. En effet, certains ont pu déménager pendant les vacances.

À SURVEILLER

SATURNE. Vous ne découvrez pas ses influx, vous les avez reçus toute l'année dernière ! Les conséquences sont toujours mitigées car autant vous pouvez rencontrer quelqu'un et fonder une solide relation, même si ce quelqu'un n'est pas toujours très disponible, autant il se peut qu'il ait été et soit encore question de séparation dans votre couple. Ça ne s'est pas fait mais il a peut-être fallu aller en thérapie de couple (souvent très utile pour éviter la séparation). Saturne revient pour le 1er décan, un dernier passage jusqu'au 1er mars, qui pourrait autant signer la réconciliation (Jupiter vous soutient), qu'acter un divorce. À moins qu'un membre de la famille (un enfant) ne quitte le foyer… 2e décan, Saturne sera pour vous en mars.

NOUVELLE LUNE LE 11 JANVIER

Elle a lieu dans le 3e décan du Capricorne et forme un bon aspect avec Uranus, qui regardera le 3e décan toute l'année. C'est évidemment une très bonne nouvelle Lune, qui inaugure une période où vous allez pouvoir vous imposer à la fois grâce à la qualité de votre travail et à votre sérieux, votre sens de l'organisation. Il est d'ailleurs possible que cette nouvelle Lune s'accompagne de compliments qui vous feront rougir.

PLEINE LUNE LE 25 JANVIER

Elle oppose le 1er décan du Verseau (Soleil) au 1er décan du Lion (Lune). La période Verseau étant à son début et Pluton retournant en Verseau le même jour, il semble que le travail sera au centre de vos réflexions. Peut-être parce que vous aurez un choix à faire, la place que vous occupez ne correspondant plus à ce que vous désirez. À moins qu'on ne vous demande d'être encore plus productif que d'habitude ; cela peut être même très exagéré. Aussi, ne vous laissez pas faire.

Février

UN MOIS POSITIF POUR :

1. Travailler, avoir des idées et vous battre pour elles. Les planètes en Verseau occupent le secteur qui les représente, mais vous pensez que ces idées ou que votre désir de changer quelque chose dans l'organisation du travail pourrait déranger ou pire, déplaire. Toutefois, le maître du Verseau, Uranus, vous dit que vous pouvez y aller sans crainte, qu'on vous respectera et donc qu'on respectera vos idées. Mais ne les imposez pas non plus brusquement sans concertation préalable.
2. Vous occuper de vous et de votre forme. C'est peut-être le bon moment pour mettre sur pied un plan pour faire du sport, ou tout du moins de l'exercice au quotidien. Vous êtes des personnes nerveuses, il faut vous détendre en dépensant votre énergie. Vous pouvez également mettre au point un programme minceur, faire de la cardio (selon votre âge) et surtout surveiller vos apports alimentaires. Ni trop, ni trop peu, c'est la règle, et des bons produits de nos terroirs.

CÔTÉ CŒUR

Célibataire, Vénus en Capricorne est idéale pour vous car elle vous invite à vous occuper de votre apparence, et à l'améliorer parce que vous aurez quelqu'un à séduire. Et même s'il n'y a personne aux alentours, il faut toujours être prêt ! Si d'habitude vous n'accordez pas d'importance à votre look, il faudrait évoluer dans ce domaine, quitte à en faire le minimum si vous n'avez pas de temps pour cela. Avec Vénus en Verseau après le 16, vous séduirez plus avec votre intelligence et votre humour.

En couple, jusqu'au 16, Vénus vous promet de très agréables moments à deux, vous exprimerez davantage vos sentiments, même si ce n'est pas toujours facile pour vous. Essayez de ne pas vous endormir dans la routine, l'amour n'y survit pas toujours. Justement, après le 16, Vénus en Verseau vous invite à vous secouer, vous et votre partenaire, afin de réveiller les affinités qui vont ont rapprochés.

À SURVEILLER :

Après le 19, le Soleil sera en Poissons et conjoint à Saturne. Ils s'opposeront une dernière fois à votre 1er décan, qui a déjà bien donné l'année dernière ! La fin du mois ne sera pas totalement rose, même si Jupiter est encore en bon aspect avec vous jusqu'au 21. Serait-il possible que vous soyez déçu parce qu'une promesse n'a pas été tenue ? Vous attendiez un poste et il vous est passé sous le nez ? À moins qu'un partenaire (amoureux ou professionnel) ne s'éloigne de vous depuis un an et que vous n'en arriviez à la conclusion qu'il vaut mieux en rester là. Mais ceci est très général, il faut voir avec votre ascendant et adapter les prévisions à votre situation.

NOUVELLE LUNE LE 9 FÉVRIER

La nouvelle Lune du 9 février se fait au début du 3e décan du Verseau, en dissonance avec Uranus et **si vous êtes du 3e décan**, ce n'est pas une dissonance qui risque de vous bouleverser ! C'est malgré vous que vous ferez un pas en avant, que vous progresserez dans votre travail, peut-être parce que vous accepterez que quelque chose change. Peut-être aussi qu'il faudra vous adapter à un nouvel outil de travail que vous avez demandé, ou à des horaires que vous avez vous-même désiré modifier !

PLEINE LUNE LE 24 FÉVRIER

Le 24 février le Soleil sera en Poissons et la Lune, face à lui, dans votre **1er décan**. Il est possible que cela corresponde à une sorte de soulagement ! Peut-être qu'étant sorti des griffes de Saturne vous vous sentirez plus libre, plus léger, mieux connecté aux autres. Vous pouvez aussi avoir un éclairage positif sur une question qui vous a taraudé et à laquelle vous êtes en train de trouver une réponse. À moins que vous n'ayez rencontré quelqu'un dont la sensibilité vous touche.

Mars

UN MOIS POSITIF POUR :

1. Vous occuper des autres, ou de votre autre favori ! Le Soleil éclaire les Poissons jusqu'au 20, signe qui représente votre conjoint ou toute personne à laquelle vous êtes attaché affectivement ou par contrat. La conjonction du Soleil et de Saturne risque d'être contrariante pour tous et surtout pour le 2e décan : vous ne vous sentirez pas accepté, voire mal aimé et seul. Même en cas de problème de couple, ne vous renfermez pas sur vous-même, faites l'effort d'aller vers les autres et de vous rendre utile.

2. Ne pas vous laisser manipuler. 1er décan, entre le 22 et le 4 avril, Mars s'opposera à vous. Elle est rapide, cela ne durera que trois ou quatre jours pendant lesquels vous aurez affaire à quelqu'un qui tentera de vous influencer ou de vous mettre en colère. Un obstacle peut aussi vous barrer la route… En outre, certains d'entre vous risquent aussi d'attraper un petit virus de saison. Rien de grave !

CÔTÉ CŒUR

Célibataire, les romantiques Poissons vous donneront encore plus envie d'être à deux, de partager votre ressenti, vos émotions, malgré la réserve qui est souvent la vôtre. Il se trouve que, dans votre imagination, vous idéaliserez celui ou celle que vous aimeriez rencontrer… Or, vous avez intérêt à rester dans la réalité parce que si vous voulez qu'il se passe quelque chose, rêver vous en empêche. 2e décan, Saturne vous prive momentanément d'un espoir de rencontre.

En couple, après le 11, Vénus occupera elle aussi les Poissons, face à vous, et si tout va bien à présent pour le 1er décan – même si vous avez traversé une crise – le 2e décan n'appréciera pas sa conjonction avec Saturne la semaine du 18. Votre partenaire pourrait être très difficile à vivre, ou vous sembler froid, distant, peu investi dans votre couple. Vous aurez probablement très peur de le ou la perdre. Et il est vrai que quelque chose ne va pas : dialoguez !

À SURVEILLER

Dès le 1er du mois, l'entrée du Saturne dans le 2e décan des Poissons, face à vous. Ce que vous ressentirez et vivrez ne sera certainement pas nouveau étant donné que Saturne ravive toujours le passé, même s'il s'agit d'un passé très lointain. Il semble, mais cela peut changer en fonction de votre ascendant, que c'est dans le domaine relationnel, celui du couple ou des associations, que Saturne va tenter de préserver des liens qui se défont depuis longtemps. Vous avez peut-être pensé que ça s'arrangerait tout seul, mais rien ne s'arrange jamais tout seul, sauf les cicatrices – et encore. Ne serait-il pas trop tard, vous demanderez-vous ? D'autres se diront qu'ils étaient heureux « avant », mais qu'ils ne le savaient pas.

NOUVELLE LUNE

La nouvelle Lune des Poissons se fait le 10 mars à 21h17, sur le 20e degré des Poissons (début du 3e décan). Elle est en phase avec Uranus, elle-même en bon aspect avec votre 3e décan. C'est donc une très bonne nouvelle Lune pour ce 3e décan qui semble être protégé et plus chanceux que les autres... Il est vrai qu'Uranus entame un bon aspect avec vous ce mois-ci et que vous en avez pour 18 mois ; cette nouvelle Lune étant peut-être le point de départ de votre prise d'indépendance. Ou de la réalisation d'un projet.

PLEINE LUNE

Le 25 mars, la pleine Lune oppose le soleil en Bélier 1er décan, et la Lune dans le 1er décan de la Balance. Ce sont des secteurs qui sont liés à vos moyens, vos ressources (l'argent que vous gagnez, vos économies – la Balance) et à ce que vous investissez, vos dépenses (le Bélier). Toutefois, il s'agit de fortes énergies qui peuvent se déplacer dans d'autres domaines : vos appétits, ou un manque d'appétit, votre libido ou un manque de libido, par exemple...

Avril

UN MOIS POSITIF POUR :

1. Vous occuper de votre argent, le Soleil en Bélier traversant un secteur qui le représente. Peut-être allez-vous investir, ou recevoir une somme à la suite d'une vente, d'une prime offerte ou encore d'un héritage. Quoi qu'il en soit, il faudra négocier, gérer, investir ou non, et vous serez assez à l'aise dans la mesure où vous avez le sens de l'économie et que vous êtes plutôt habile dans ce domaine.

2. Ne pas accorder trop d'importance aux obstacles qui se présentent. En effet, la plupart du temps, c'est vous qui vous les créerez vous-même parce que vous n'oserez pas vous imposer ou que vous penserez ne pas être à la hauteur du défi qui vous est lancé ; surtout 2e décan, entre le 3 et le 13. Il semble que quelqu'un vous en fera voir de toutes les couleurs, mais vous avez intérêt à rester zen et même à jouer l'indifférence.

CÔTÉ CŒUR

Célibataire, Vénus passera par le Bélier à partir du 5 et jusqu'au 29 avril ; vos trois décans recevront donc ses influx et ils vous inciteront à utiliser vos armes de séduction, celles dont vous savez qu'elles marchent toujours. Et si vous ne les connaissez pas bien, ce sera le bon moment pour faire des tests. A priori, cela devrait marcher parce que vous dégagerez beaucoup de magnétisme. Donc acceptez les invitations, ne restez pas dans votre coin (2e décan surtout).

En couple, Vénus en Bélier occupe votre secteur 8, celui des crises et des transformations. Si vous êtes du 2e décan, l'opposition de Saturne vous isole, votre partenaire étant absent ou vous délaissant. Si vous n'avez pas encore engagé le dialogue, il est temps de le faire ! Ce n'est pas parce que vous vous mettrez la tête dans le sable, que vous ne direz rien, que ce qui doit arriver n'arrivera pas. En outre, peut-être que vous vous faites des idées et que c'est juste une période comme ça…

À SURVEILLER :

La rencontre entre Mars et Saturne, entre le 3 et le 13 du mois. Ce n'est pas une bonne période pour ceux du 2e décan, il vous est conseillé de ne pas lutter contre, mais au contraire de nager dans le sens du courant. Plus vous serez dans le refus de la réalité, moins vous aurez de possibilités d'ouvrir le dialogue, que ce soit dans votre couple, ou avec un associé professionnel. Cependant, il se peut que ce soit l'autre qui cherche à imposer sa loi mais il ne faut pas vous laisser faire. Si vous devez vous battre, battez-vous à armes égales, ne laissez pas l'avantage à l'autre parce que vous n'aimez pas les conflits.

NOUVELLE LUNE DU 8 AVRIL

Elle se fait sur le 19e degré du Bélier et occupe dont votre secteur financier. Peut-être que le conflit, qui touche le 2e décan, tourne autour de l'argent que votre partenaire vous devrait, ou que vous devriez à votre partenaire ? Étant donné que la Nouvelle Lune est en bon aspect avec Jupiter, vous avez peut-être une chance que vos droits soient respectés et que l'autre reconnaisse ses torts (ou qu'il/elle y soit obligé/e). Mais dites-vous que vous n'aurez pas le pouvoir, rien ne dépendra de votre volonté.

PLEINE LUNE DU 23 AVRIL

La pleine lune aura lieu le 23 entre le premier décan du Taureau et celui du Scorpion. Elle est en dissonance avec Pluton et peut faire très provisoirement barrage à vos projets. Ce n'est probablement qu'une péripétie et cela ne touche que ceux du tout début de la Vierge. Il est possible que quelqu'un, probablement à votre travail, s'arroge un pouvoir dont il ou elle abuse, et que vous soyez en position de faiblesse. Écoutez ce que vous dit votre intuition, peut-être faut-il vous plaindre ?

Mai

UN MOIS POSITIF POUR :

1. Prendre vos aises tant que le Soleil est en Taureau (et Jupiter aussi). C'est le moment de l'année où vous avez des petites chances à saisir – ou des grandes avec Jupiter (1er et 3e décans) et où tout vous semble plus facile que d'habitude. Et même ceux qui reçoivent l'opposition gênante de Saturne (2e décan toujours), auront leur « moment » de grâce. Le domaine qui vous demandera le plus de vous battre : l'argent, encore lui ! Vous en avez à récupérer, ou à en emprunter.
2. Atteindre un objectif après le 20, et surtout après le 25, quand le Soleil et Jupiter et Vénus seront conjoints au zénith de votre zodiaque, en Gémeaux. Les trois seront en harmonie avec Pluton, et c'est une garantie de réussite, quels que soient les moyens employés. Vous ferez des jaloux dans votre milieu, essayez de ne pas y prêter attention. L'argent sera toujours votre bataille et c'est votre travail qui peut vous rapporter.

CÔTÉ CŒUR

Célibataire, Vénus est forte jusqu'au 23 et sa présence en Taureau va dans le même sens que le reste de la conjoncture. À savoir que vous êtes à l'aise, plus sûr de vous et de votre charme. Quel que soit votre âge, vous utiliserez les armes du Taureau pour séduire et vous ne pourrez qu'être satisfait du résultat, surtout si vous êtes en voyage ou loin de chez vous pour d'autres raisons. 1er

décan, la fin du mois sera propice aux rencontres avec des personnes amusantes, jeunes dans leur tête.
En couple, avec toutes ces planètes en Taureau, il n'y aura pas plus heureux que vous ! Exception faite de ceux qui reçoivent Saturne, vous aurez tous de très agréables moments de partage autour des centres d'intérêt que vous avez en commun, que ce soit intellectuel ou sportif. Un petit voyage, des vacances (le mois est rempli de jours fériés) seront aussi des moments de partage et donc de rapprochement, de détente.

À SURVEILLER

Il n'y a pas de grosse dissonance ce mois-ci, peut-être pour d'autres signes mais pas pour la Vierge. La seule planète qui risque d'être contrariante, comme d'habitude, c'est Mars. D'autant plus qu'elle est dans son signe, le Bélier et qu'elle est donc plus forte que d'autres. Pour vous, c'est un secteur financier mais qui a plusieurs autres significations. Soit vous vous battrez dans les domaines concernés pour obtenir ce que vous voulez (héritage, donation, bonus, remboursement), soit vous ferez des jaloux autour de vous, soit encore certains pourraient subir une opération chirurgicale. La contrariété étant qu'il faut faire des efforts, qu'il faut être encore plus dans le contrôle car les énergies sont très fortes. 1er décan jusqu'au 13, 2e décan du 13 au 26, 3e décan du 26 au 9 juin.

NOUVELLE LUNE DU 8 MAI

Elle se forme sur le 18e degré du Taureau en totale harmonie avec Saturne. C'est du sérieux pour ceux nés autour du 11 septembre ! Vous pouvez avoir le sentiment d'être pris au sérieux, dans la mesure où on vous proposera d'aller plus haut, plus loin même. Certains pourraient partir et laisser quelqu'un derrière eux... Toutefois, Saturne s'opposant à vous, il peut aussi être question de procès, de justice et d'équité, de droits à faire respecter. Un associé ou un partenaire peut vous faire défaut, nous en avons déjà parlé.

PLEINE LUNE DU 23 MAI

Elle oppose le Soleil en Gémeaux à la Lune en Sagittaire, les deux étant en harmonie avec Pluton et Vénus étant conjointe à Jupiter, maître de la Lune. **1er décan, a priori c'est vous qui serez sensible à cette importante conjoncture** qui, à part la Lune, valorise le zénith de votre thème et donc votre sentiment de réussite. Et il est très possible qu'avec Jupiter dans ce secteur, vous alliez plus haut, toujours plus haut ! On pourrait même vous faire honneur...

Juin

UN MOIS POSITIF POUR :

1. Vous fixer un ou plusieurs objectifs et éviter de vous créer une trop forte charge mentale les dix premiers jours du mois. Faites travailler votre fameux sens de l'organisation pour répartir intelligemment votre temps de travail et ne pas vous énerver parce que vous avez peur de ne pas y arriver. Vous serez dans les mêmes conditions si vous ne travaillez pas, mais cela s'appliquera à vos occupations quotidiennes et à leur gestion.
2. Vous dépasser. Grâce à Mars qui arrive en Taureau le 9, le 1er décan et une partie du 2e auront une belle énergie à leur disposition. Et si vous avez un important travail à terminer, même si vous êtes distrait par vos proches, vous donnerez un coup d'accélérateur et pourrez venir à bout de vos obligations. Prendre soin d'un proche, d'un parent, pourrait aussi faire partie des charges qui seront les vôtres (né autour du 12 septembre).

CÔTÉ CŒUR

Célibataire, comme le reste de la conjoncture, Vénus sera en Gémeaux jusqu'au 17, tout en étant conjointe à Mercure (3e décan). Vos élans amoureux seront sous contrôle, vous préférerez probablement vous consacrer aux obligations qui sont les vôtres dans la mesure où vous pourriez avoir une « deadline » ! Pas de panique !

Après le 17, vous serez comme libéré et le 1er décan recevra les influx de la conjonction Mercure/Vénus. Elle sera propice à vos amitiés et aux amitiés amoureuses. L'atmosphère sera plus légère.

En couple, Vénus étant en Gémeaux jusqu'au 17 (2e et 3e décans), vous n'aurez pas beaucoup de temps à consacrer à votre chéri/e. Ne culpabilisez pas, vous ne pouvez pas être au four et au moulin et si vous vous expliquez avec votre entourage, si vous le prévenez que la période va être chaude (examens ?), tout se passera bien. Le 1er décan sera gâté autour du 17 avec la rencontre Vénus/Mercure chez l'ami Cancer : un agréable projet sera dans les tuyaux, peut-être pour vos futures vacances ?

À SURVEILLER :

La semaine du 10 si vous êtes de la toute fin du signe. Le Soleil et Mercure seront en dissonance avec Neptune et vous ne serez pas dans votre assiette. La situation peut être liée à votre couple ou à un problème associatif, et vous serez un peu perdu, vous ne saurez pas quoi penser ni quoi faire. Toutefois, la situation n'est pas nouvelle et vous avez sûrement acquis des armes pour vous défendre…

Jupiter, si vous êtes du 1er décan. La planète est donc au zénith et nous avons vu que cela pouvait être profitable à une montée en puissance. Toutefois, avec Jupiter c'est « grâce ou disgrâce ». Certains d'entre vous pourraient donc, si Jupiter est négative, avoir un problème de réputation. Ou se trouver confrontés à des personnes qui les jugeront pour leur comportement trop autoritaire. Mais c'est quelque chose qu'il aurait fallu surveiller il y a déjà quelques mois.

NOUVELLE LUNE DU 6

La Nouvelle Lune des Gémeaux se forme dans le deuxième décan du signe. Il semble, avec cette lunaison, que votre charge de travail, et donc votre charge mentale, ainsi que toutes vos obligations seront chronophages. Vous aurez le sentiment aigu que vous n'avez jamais de temps pour vous, et que vous avez beau aimer ce que vous faites, vous ne voulez pas non plus vous faire « bouffer ». Ceux qui reçoivent la dissonance de Saturne (nés autour des 11, 12 septembre) étant les plus sensibles à cette Nouvelle Lune.

PLEINE LUNE DU 22

Elle oppose le Soleil qui vient juste d'entrer en Cancer et la Lune qui vient d'arriver en Capricorne. Les deux signes-secteurs sont positifs et annoncent des moments de détente en compagnie de vos amis ou de vos enfants. Pour en profiter au mieux, il va falloir vous détacher un peu de tout ce que vous avez sur le feu, c'est-à-dire moins y penser et cela tombe bien puisque le 22 sera le début du week-end et que, peut-être, le samedi suivant vous partiez en vacances.

Juillet

UN MOIS POSITIF POUR :

1. Jusqu'au 22, les domaines prioritaires sont les amitiés, la solidarité, ainsi que les projets que vous pouvez faire avec vos proches. En ce qui concerne les projets et leur achèvement, quelle que soit leur nature, la conjoncture est favorable. Par exemple si vous avez prévu de partir en vacances, de changer d'air d'une manière ou d'une autre, vous n'aurez aucun obstacle à surmonter. D'ailleurs (2e décan) Saturne rétrograde et vous fiche la paix jusqu'au 15 novembre. Vous vous prenez moins la tête.
2. Procrastiner : le Lion prendra la place du Cancer le 22 à 9h46 (H.L.) C'est votre secteur 12, celui qui vous invite, voire qui vous ordonne de lâcher prise, de vous reposer tant que faire se peut. Mais, que vous travailliez ou non le reste du temps, vous reposer ne fait pas souvent partie de vos priorités ! Vous avez du mal à ne rien faire, et comme ça s'agite dans votre tête, il faut aussi que vous vous agitiez. Que vous alliez visiter tel ou tel endroit, que vous fassiez de la marche, de la nage, ou que vous attaquiez une longue liste de livres à lire… ou que vous travailliez.

CÔTÉ CŒUR

Célibataire, jusqu'au 11, le 3e décan recevra les doux et romantiques influx de Vénus depuis le Cancer. Ce sont plutôt des ondes amicales que vous partagerez, vous serez en phase avec vos copains de toujours et vous sentirez que vous pouvez compter sur eux, autant qu'ils peuvent compter sur vous. Si vous changez de rythme, d'endroit, si vous n'êtes pas dans votre zone de confort (en vacances, donc) il y a des chances pour que vous vous fassiez des relations. 1er et 2e décans, après le 11, Vénus sera en Lion et certaines personnes vous feront rêver, vous les regarderez de loin, ils/elles vous feront fantasmer.

En couple, jusqu'au 11, il y aura d'agréables moments entre amis et même parfois des rencontres avec des personnes avec lesquelles votre couple pourrait devenir ami. Entre vous et votre partenaire, il devrait y avoir un regain de complicité, d'affinités, surtout 3e décan. Après le 11, avec Vénus en Lion, vous préférerez rester entre vous et si vous êtes en vacances, vous ne vous mélangerez peut-être pas beaucoup aux autres. En outre, si vous êtes du 2e décan, vous recevez l'opposition de Saturne (né autour des 11, 12 septembre) et dans ce cas, vous vous sentirez seul, ou c'est vous qui vous isolerez volontairement.

À SURVEILLER

MARS ! La planète entre en Gémeaux le 20 juillet, et occupera jusqu'au 4 août le 1er décan du signe. C'est votre secteur professionnel qui est galvanisé par Mars et il se peut donc que certains, loin de partir en vacances, seront plutôt sur le point de démarrer un nouveau travail ! En tout cas, ce qui est sûr, c'est que vous vous investirez à fond dans quelque chose, un travail, un conflit, une compétition : il y a le choix avec Mars ! En ce qui concerne les conflits, il peut y en avoir un avec quelqu'un de la famille, mais c'est peut-être quelque chose qui ne date pas d'aujourd'hui.

NOUVELLE LUNE DU 5 JUILLET

La nouvelle Lune du Cancer se forme dans le 2e décan du signe et n'envoie ni ne reçoit d'aspect. Elle a donc toute liberté pour vous créer justement un espace de liberté et si vous prenez vos vacances ce mois-ci, cette nouvelle Lune peut être annonciatrice de nouveautés, d'un changement par rapport aux autres mois ou même aux autres années. Si vous partez en vacances, par exemple, il se pourrait que vous n'alliez pas au même endroit que précédemment. Cela peut être concrétisé ce mois-ci, ou être un projet pour le mois prochain.

PLEINE LUNE DU 21 JUILLET

Le Soleil sera sur le dernier degré (le 29e) du Cancer et la Lune sur le 29e du Capricorne. Des signes en harmonie avec le vôtre et qui sont liés à vos plaisirs. Toutefois, méfiez-vous du bon aspect entre cette pleine Lune et Neptune car il donne de l'importance aux apparences et vous cache ce qu'il y a en dessous des apparences. Il faut donc être lucide et aller au-delà de l'image qu'on vous présente et qui peut être fausse. On a pu vous vendre des vacances de rêve par exemple, et une fois sur place vous constatez que cela ne correspond pas du tout.

Août

UN MOIS POSITIF POUR :

1. Essayer de mettre votre mental au repos… Si vous y parvenez, le corps suivra. Ils sont bien évidemment liés, et plus une Vierge fait travailler son mental, tourne en rond dans ses pensées, essaye de tout prévoir et de tout contrôler, plus le corps va ruer dans les brancards au fil du temps. Pas à 20 ans ou à 30 ans, mais à partir de 40 vous commencez à avoir mal ici ou là (surveillez vos intestins), et c'est une façon qu'a votre organisme de vous dire qu'il faudrait un peu lâcher prise.
2. Vous souhaiter votre anniversaire à partir du 22, 16h56 (HL) cette année (ça change tous les ans). 1er décan, donc, profitez-en vous n'avez aucun aspect sur votre portion de zodiaque, ce qui est plutôt positif pour l'année qui s'annonce. 2e décan, gare à la dissonance de Jupiter et de Saturne activée le mois prochain et qui peut avoir un impact sur vos affaires professionnelles ou familiales. Litige, conflit, nous en avons déjà parlé et ce n'est pas le dernier passage de Jupiter. L'astre en terminera avec votre décan début 2025.

CÔTÉ CŒUR

Célibataire, du 5 au 29, Vénus sera chez vous ! Avec des bons et des moins bons aspects des autres planètes. 1er décan jusqu'au 13, aucune dissonance en vue, vous n'avez pas de raison de rester sur la réserve, abaissez vos défenses et libérez-le ou la séductrice qui est en vous, c'est le moment de faire une rencontre. 2e décan du 13 au 21, Vénus sera hélas en dissonance avec Saturne, on ne peut pas dire que vous aurez la forme et que l'amour vous réjouira… Patience. 3e décan, du 21 au 29, Vénus sera en phase avec Uranus et tout peut arriver ! C'est ce que vous devez vous dire pour laisser la porte ouverte à l'imprévu et pourquoi pas, à l'aventure. **En couple**, 1er décan, vous vous entendrez sur tout pendant la période où Vénus sera chez vous (voir ci-dessus) et vos échanges ou activités communes vous rapprocheront. 2e décan, peut-être que vous ne partirez pas en vacances ensemble parce que vous vous sentirez un peu solitaire ; et même si vous êtes ensemble, il y aura un vrai problème de communication. Un travail en commun sur le sujet peut vous aider. 3e décan, c'est le moment de sortir de la routine, de découvrir de nouveaux endroits ou de nouvelles activités. La période où Vénus sera chez vous sera vraiment stimulante, à la fois intellectuellement et sentimentalement.

À SURVEILLER :

Mars sera, comme Vénus, en dissonance avec Saturne mais pas depuis le même signe. Mars est en Gémeaux ce mois-ci, c'est votre secteur professionnel, et il en traversera le 2e décan du 4 au 19, formant à la fois une dissonance avec Jupiter et avec Saturne. C'est un aspect de blocage, de difficulté à affronter, et il semble que vous n'en avez pas qu'une ! Le retour au travail (si vous travaillez) pourrait s'avérer pénible, notamment si vous êtes né autour des 8, 9 et 10 septembre. Vous vous sentirez frustré, ou privé de quelque chose. Vous n'aurez pas d'autre solution que de lâcher prise, d'accepter et de vous dire que de toute façon, ça passera.

NOUVELLE LUNE

Elle aura lieu le 4 août sur le 12e degré du Lion (2e décan). En harmonie avec Jupiter, elle éclaire votre 12e secteur, celui de la réflexion, de l'intellect dans son ensemble ; mais ce secteur gère aussi votre esprit critique et il se peut donc que vous ayez quelque chose à critiquer, 2e décan. Certes, avec l'opposition de Saturne il est sûr que vous êtes mécontent d'une relation, ou d'un contrat, d'un engagement que vous devez honorer.

PLEINE LUNE

La pleine Lune du 19 août oppose le 3e décan du Lion au 3e décan du Verseau, la Lune (qui s'oppose au Soleil) occupant votre secteur du travail. Cela pourrait correspondre à une reprise de votre activité dans les huit jours qui suivent et vu les bons aspects qu'Uranus vous envoie, il se peut que vous démarriez un nouveau travail, une formation, en tout cas quelque chose qui vous passionnera et vous prendra la tête, mais de manière positive.

Septembre

UN MOIS POSITIF POUR :

1. Vous fixer des objectifs atteignables pour l'année à venir et vous offrir un petit cadeau pour votre anniversaire. Un cadeau qui vous rappellera les bonnes résolutions que vous avez prises le jour de votre anniversaire ! Il vous est conseillé de ne pas trop vous charger en obligations, de vous laisser du temps pour vous et pour ceux que vous aimez. Ne pas vous laisser vampiriser par vos activités devrait être la première bonne résolution à prendre et… À tenir toute l'année.
2. Accueillir la Balance le 22 (1er décan) et vous dire que c'est le bon moment pour être plus tendre, plus câlin/e avec ceux que vous aimez. Ne soyez pas trop sur la réserve, essayez de montrer davantage votre attachement. C'est aussi une bonne période, jusqu'au 2 octobre, pour gagner davantage, ou recevoir une somme qu'on vous devait. Et quand vous l'aurez reçue, prélevez-en un peu pour (encore) vous offrir un petit plaisir.

CÔTÉ CŒUR

Célibataire, Vénus occupera la Balance jusqu'au 23, c'est votre secteur 2 des biens matériels, des acquisitions et qui représente aussi vos besoins personnels : alimentation, sommeil, amour, tout ce qui vous donne l'impression de profiter des bonnes choses. Si vous rencontrez quelqu'un, valorisez le côté charnel de la relation dans un premier temps, soyez tactile, aimable, à l'écoute de l'autre. Et oubliez momentanément votre esprit critique, il reviendra bien assez vite !

En couple, Vénus sera forte ce mois-ci puisqu'elle est chez elle en Balance. Votre couple ne peut qu'apprécier le calme et la tranquillité qu'elle vous incitera à faire régner. La sensualité sera également plus présente et vous aurez davantage besoin de sentir les bras de l'autre autour de vous. Cela vous donnera le sentiment de sécurité dont vous avez besoin pour vous sentir en phase. Vous pourriez aussi décider d'effectuer un achat et cela n'occasionnera pas de conflit.

À SURVEILLER :

Encore une fois, **la dissonance entre Jupiter et Saturne**. Elle se défait car Jupiter progresse et Saturne régresse dans le 2e décan des Poissons. Cette planète reforme une opposition avec vous, 2e décan, aussi la vie ne sera pas facile pour vous en cette rentrée (week-end du 7) ! Comme nous l'avons déjà vu, vous pourriez avoir un renoncement à faire, ou vous sentir seul/e même si vous êtes en compagnie. Peut-être parce que l'autre ne fera pas assez attention à vous et que vous aurez peur que votre relation ne soit en danger.

NOUVELLE LUNE DU 3 SEPTEMBRE

Elle se forme dans le 2e décan de votre signe et elle est opposée à Saturne, ce qui revient à vous répéter sur ce que je viens de vous dire à propos de Saturne. Sauf que les deux luminaires sont impactés et que votre vitalité risque d'être amoindrie. Mais, sauf à ce que vous soyez réellement malade, il se peut que cette « fatigue » soit liée à des problèmes psychologiques dont vous n'êtes pas conscient mais qui demandent peut-être à ce que vous les examiniez de plus près.

PLEINE LUNE DU 18 SEPTEMBRE

Soleil et Lune seront opposés, l'un dans le 3e décan des Poissons, l'autre dans le 3e décan de votre signe. Les luminaires sont en dissonance avec Neptune, mais elle n'est pas exacte. Il faut simplement être méfiant dans le domaine relationnel et ne laisser personne venir jeter le trouble dans votre couple ou dans une autre de vos relations. Vous avez intérêt à vous méfier de toutes les influences extérieures.

Octobre

UN MOIS POSITIF POUR :

1. Équilibrer votre vie sur le plan matériel. Le règne de la Balance s'accompagne toujours de questions relatives à l'argent, et à ce que vous pouvez faire pour améliorer vos rentrées ou optimiser vos économies et vous sentir en sécurité. Mais il n'est pas impossible que vous ayez décidé de faire un achat conséquent, c'est en tout cas la bonne période pour explorer les nombreux choix qui s'offrent à vous. Certes, vous aurez du mal à vous décider, la Balance ayant la réputation d'être hésitante !
2. Utiliser les forces de Mars en Cancer. Né après le 6 septembre, vous en disposerez tous à un moment du mois, et pendant trois ou quatre jours. Il s'agira, pour les uns, de « mettre le paquet » pour réaliser un projet, ou voir un espoir se concrétiser ; pour les autres, il vous semblera normal de défendre l'un de vos amis qui est attaqué. Et si vous-même avez besoin d'un coup de pouce, pas de problème, un ami sera là pour vous seconder si c'est vraiment nécessaire. Demander service n'est pas toujours dans votre philosophie.

CÔTÉ CŒUR

Célibataire, du 1er au 17, le 2e et le 3e décan à sa suite seront influencés par Vénus en Scorpion. Il y aura de la complicité dans l'air avec l'un de vos amis. Et elle sera si profonde que vous douterez que ce soit une amitié. Vous

vous demanderez s'il n'y a pas plus, mais vous serez bien en peine de répondre si vous ne faites pas un pas en avant ! Ce sera possible, a priori, le week-end du 5 car Vénus sera en harmonie avec Mars, et votre timidité, votre réserve s'envoleront. Après le 17, 1er décan, Vénus en Sagittaire vous incitera à vous retourner sur le passé, ou à remettre le couvert avec un ou une ex.

En couple, du 1er au 17, vous vous entendrez comme larrons en foire, on ne pourra que sourire devant la complicité qui sera la vôtre, elle fera même des envieux. Essayez de communiquer davantage entre vous, ce n'est pas parce que vous vous comprenez instinctivement qu'il ne faut pas dire les choses. Soyez explicite, surtout en ce qui concerne vos attentes vis-à-vis de l'autre. Parfois, avec Vénus Scorpion, on a tendance à se dire que l'autre peut deviner ce dont vous avez envie/besoin. Après le 17, une fête familiale à organiser ?

À SURVEILLER :

La station de Jupiter pour ceux nés autour des 13, 14 septembre. La planète est directe jusqu'au 9, puis elle rétrograde. Il a peut-être été question récemment d'une possibilité de promotion, de mutation, mais la décision finale ne sera pas prise tout de suite, il faudra attendre l'année prochaine. Par ailleurs, si vous avez eu des problèmes avec l'autorité (au boulot, ou avec les autorités administratives), les choses vont se calmer, mais il n'est pas dit que ce sera terminé puisque Jupiter reviendra en 2025. Enfin, il n'est pas impossible non plus qu'un déménagement soit dans l'air suite à l'achat ou la vente d'un bien.

NOUVELLE LUNE DU 2 OCTOBRE

La nouvelle Lune de la Balance se forme au début du 2e décan de ce signe, vous y serez sensible si vous êtes du 2e décan de la Vierge. Cette Nouvelle Lune aura très probablement une influence sur votre argent, et donc sur un achat ou sur une vente… À moins que vous ne perceviez une somme qui vous était due, non sans l'avoir réclamée à cor et à cri, ce que vous n'aimez pas faire. Mais vous y avez été obligé/e. Une question touchant à votre équilibre nutritionnel pourrait aussi vous préoccuper.

PLEINE LUNE DU 17 OCTOBRE

La pleine Lune opposera la Balance au Bélier (3e décan des signes). Ce sont encore une fois vos secteurs d'argent qui sont sollicités par les luminaires et cette PL étant en harmonie avec Jupiter, vous serez certainement en pleine réflexion à propos d'un choix que vous avez à faire ou d'une décision à prendre. Cela peut concerner votre vie professionnelle, mais pas que… Cela dit, comme écrit précédemment, avec la Balance il y a toujours de l'hésitation…

Novembre

UN MOIS POSITIF POUR :

1. Écouter vos petites voix intérieures, sans chercher à rationaliser ce que vous entendez. Vous n'aimez pas trop cela d'ailleurs, de tout le zodiaque vous êtes le signe qui raisonne parfois le mieux, surtout quand Mercure occupe le Scorpion. Les relations avec l'entourage proche seront un bon exercice, et ensuite vous pourrez utiliser cette force (car c'en est une) dans vos relations avec vos clients ou avec les personnes avec lesquelles vous serez en contact. Et encore plus si vous avez des négociations à mener. Des petits déplacements à prévoir, des démarches.

2. Maître du Scorpion (avec Mars), Pluton retourne définitivement dans le 1er décan du Verseau le 19 novembre et n'en sortira plus (de ce décan) avant 2030. Vous le savez, ce signe représente votre travail et les activités qui remplissent votre quotidien. Pluton a pour vocation de réparer, non sans avoir « détruit » auparavant. Peut-être avez-vous eu un problème de santé qui peut se résoudre avec un nouveau traitement ? Vos conditions de travail pourraient aussi se modifier en profondeur.

CÔTÉ CŒUR

Célibataire, jusqu'au 11, 3e décan, Vénus vous incitera à idéaliser un peu trop le passé, ou en tout cas une personne qui le représente. Puis, après le 11, Vénus vous enverra de bonnes vibrations. Elle occupera un secteur exigeant mais qui est en rapport avec les connexions. Celles que vous pouvez établir avec des personnes qui vous plaisent, qui ont les mêmes aspirations que vous et qui vous donnent l'impression de bien les connaître. Il n'est pas sûr qu'il se passera quelque chose de concret, mais en tout cas un lien peut se créer (1er, 2e décan).

En couple, jusqu'au 11, vous vous épanouirez et vous sentirez en sécurité en famille. Mais ce contexte ne valorisera pas la dimension sexuelle de votre relation ! Après le 11, Vénus en Capricorne sera idéalement placée pour que vous soyez – vous et votre partenaire – plus démonstratifs de vos sentiments. Ils ne doivent pas être seulement implicites. Quelqu'un a dit « il n'y a pas d'amour, il n'y a que des preuves d'amour ». Arrangez-vous pour en donner à l'autre et pour qu'il/elle vous en donne.

À SURVEILLER :

Mercure et sa rétrogradation. La planète, qui vous représente car elle est maîtresse de la Vierge, entre en Sagittaire le 2 et n'en ressortira que le 8 janvier prochain. Elle rétrogradera à partir du 26 novembre dans le 3e décan du signe et retournera jusque dans le 1er décan. Donc vos trois décans seront concernés par un problème très banal, mais qui vous prendra la tête à partir du 26 et jusqu'au 15 décembre. Une histoire avec, ou à cause d'un proche, d'un frère ou d'une sœur, et probablement au sujet des fêtes ou d'un voyage. Mercure sera en dissonance avec Saturne autour du 10 : à cette date qu'il peut y avoir un échange un peu délicat et frustrant.

NOUVELLE LUNE DU 1ER

C'est la nouvelle Lune du Scorpion, sur le 9e degré du signe, c'est-à-dire à la frontière entre **1er et 2e décans**. Elle sera positive pour tout ce qui concerne la communication, les petits déplacements et autres démarches. De même, les relations avec les proches seront au premier plan et il s'agira peut-être de vous réconcilier avec l'un d'entre eux, de faire le premier pas en vous disant que c'est le bon moment et qu'il n'y en aura peut-être pas d'autre d'ici les fêtes.

PLEINE LUNE DU 15

La pleine Lune se formera entre le 3e décan du Scorpion et **le 3e décan** du Taureau. Et comme elle est en opposition avec Uranus, cela active le côté « révolutionnaire » de la planète. Donc si vous êtes du 3e décan, c'est le moment de vous persuader, de vous dire que vous êtes capable d'aller au bout du projet que vous avez en tête et sur lequel vous êtes fixé depuis longtemps. Un projet qui vous fait peut-être changer de route, prendre votre indépendance…

Décembre

UN MOIS POSITIF POUR :

1. Être très organisé côté travail. En effet, Mars s'oppose à votre secteur qui le représente et vous aurez donc certainement beaucoup à faire. Parfois trop. Ce sera peut-être bon pour vos affaires, mais il n'empêche que vous vous fatiguerez rapidement. Vous aurez parfois des coups de pompe, qui seront peut-être plus liés à votre mental qu'à une réelle fatigue physique. Il se peut aussi, que des préoccupations – toujours liées au travail ou à la santé – vous empêchent de trouver le sommeil.
2. Être patient si vous êtes du 2e décan. Jupiter et Saturne sont en dissonance et même si Jupiter rétrograde, vous aurez malgré tout des obstacles à négocier. On pourrait penser qu'une personne (représentée par Saturne) vous cause beaucoup de souci et vous barre la route, alors que vous avez la possibilité de grimper un échelon. Quelqu'un de jaloux peut-être, ou qui craint que vous ne lui preniez son poste ? Cela dit, vous pouvez aussi être en pleine procédure de divorce et mal vivre cette situation, Saturne occupant le secteur du couple.

CÔTÉ CŒUR

Célibataire, à partir du 7, Vénus traversera le Verseau et y sera encore pour les fêtes. Chaque décan la verra passer, le 1er du 7 au 15, le 2e du 15 au 24, le 3e du 24 au 3 janvier. Disons que si vous voulez faire des

rencontres, les réseaux sociaux seront le bon choix, mais vos réseaux professionnels aussi. Il est très possible qu'une personne que vous croisez quotidiennement attire votre attention parce que vous trouverez qu'il/elle n'est pas comme les autres et qu'il/elle peut apporter du nouveau dans votre vie : une vision, une façon de vivre différente. C'est probablement le 3e décan qui en profitera le plus autour de Noël.
En couple, 1er décan, vous risquez d'être contrarié autour des 7, 8 décembre, parce que vous constaterez qu'il y a de profondes différences entre vous et votre partenaire. Mais sont-elles vraiment irréconciliables ? Est-ce que vous ne pouvez pas essayer de vous adapter l'un à l'autre, et au besoin de changer l'une de vos habitudes. 2e décan, pas de problème, juste des Pour le 3e décan, il y aura un moment d'instabilité vers le 27, ou une contrainte ennuyeuse à supporter. Mais cela passera rapidement.

À SURVEILLER :

La dissonance entre le Soleil, Neptune et vous, pour le 3e décan. Elle se forme à partir du 15 et sera exacte le 19. Vous le savez, avec Neptune soit vous avez une embrouille à gérer avec un partenaire, soit vous êtes dans un environnement qui peut être toxique. Le problème étant que des liens solides vous empêchent de vous débarrasser du problème et c'est tout le travail qu'a fait Uranus cette année qui va vous permettre de vous en défaire. A priori, dans les prochains mois. Il faut vraiment encore vous méfier de tout ce qui crée de la dépendance.

NOUVELLE LUNE DU 1ER DÉCEMBRE

La Nouvelle Lune aura lieu à la fin du premier décan du Sagittaire, inaugurant ce mois de fêtes qui, généralement, voit les familles se retrouver. Il faut donc vous préparer à ces moments (qui peuvent être pénibles pour certains), à moins que vous ne receviez chez vous, ce qui a toujours le don de vous faire paniquer (votre besoin de perfection étant accentué). **2024, année des 13 nouvelles Lunes**, il y en aura donc une supplémentaire **le 30 décembre**, à cheval entre le 1er et le 2e décan du Capricorne, en bon aspect avec votre 1er décan. Elle sera très agréable pour votre 1er décan qui devrait être particulièrement bien dans sa peau pour finir l'année. Vous aurez la certitude de plaire, ou de pouvoir séduire quelqu'un en particulier.

PLEINE LUNE DU 15 DÉCEMBRE

Elle se formera dans le 3e décan du Sagittaire pour le Soleil et le 3e décan des Gémeaux pour la Lune. **C'est votre 3e décan qui sera le plus concerné** par un choix à faire, toujours pour ce problème que vous posent les fêtes et les réunions familiales. Mais comme elle sera en bon aspect avec Uranus, vous aurez probablement une idée lumineuse, une solution futée pour que tout se passe bien !

Partie II

Votre signe astrologique

Vous, la Vierge

Vous êtes un signe de terre, froid et sec, sérieux et raisonnable. Le soleil le traverse du 23 août au 22 septembre (ou 23, selon les années). Il est dit « mutable » parce qu'il se situe avant le changement de saison, comme le Sagittaire, les Poissons et les Gémeaux. Méticuleux, scrupuleux, honnête et discipliné, vous êtes quelqu'un en qui l'on peut avoir confiance. Intelligent, vous avez l'esprit analytique et un sens de l'observation très développé. Vous avez besoin d'apprendre, de comprendre, de passer les choses au crible de la critique avant de les accepter. Modeste, extrêmement pudique, vous n'êtes pas du genre envahissant et votre inquiétude latente vous incite à vous montrer très prévoyant. Quand vous aimez, vous êtes attentionné, délicat et respectueux. On vous reproche vos manies, votre tendance à vous noyer dans les détails, cette inquiétude et/ou cette nervosité permanentes qui vous empêchent de vous détendre. Votre goût pour les habitudes, les rituels, et votre difficulté à accepter les changements sont un frein à votre développement professionnel. De plus, vous êtes timide et ne vous faites pas toujours confiance. On dit même que vous manquez d'ambition et que vous vous contentez de ce que vous avez, sans chercher à améliorer votre situation. Votre santé vous préoccupe, bien que vos maux soient essentiellement d'origine nerveuse. Cependant, vous faites généralement attention à votre alimentation, ce qui vous permet de conserver une bonne forme. Les intestins sont votre terrain fragile.

Vous devez examiner avec attention la position et les aspects de mercure dans votre thème, ils modifieront sensiblement les traits de votre caractère.

> À L'ORIGINE

Quand on s'intéresse à l'astrologie, on ne peut ignorer qu'elle fonctionne par analogies et qu'elle doit beaucoup à la mythologie. Selon J. et D. Parker, Nidaba, déesse égyptienne du blé, est probablement le modèle original de la Vierge (les moissons en Égypte débutaient quand la Lune était dans cette constellation). (J. et D. Parker, *Parker's Astrology*, Dorling Kindersley Limited, Londres, 1991.) À Sumer, cette figure, loin d'être une vierge, était celle de la Grande Mère, dont la fille était parfois la gardienne des moissons. D'après Joëlle de Gravelaine, on ne peut évoquer les mythes de la Vierge sans penser à Déméter, mère entre toutes les femmes, également connue sous le nom latin de Cérès, déesse des moissons. « La fille de saturne, à l'origine un vieux dieu patron des semences, est à l'évidence associée aux mythes terriens, nourriciers et agricoles. » (Joëlle de Gravelaine, *Dieux et héros du zodiaque*, Robert Laffont, 1996.) Le signe de la Vierge étant double (ou mutable, c'est la même chose), « à Déméter, on peut opposer la figure d'Athéna, farouche guerrière, célibataire, plus proche d'une walkyrie nordique que d'une déesse séductrice et en même temps pleine de sagesse civilisatrice. »

> VOTRE PROFIL PSYCHOLOGIQUE

Chaque signe a sa façon bien à lui d'exister et possède des qualités qui lui sont propres. Si vous êtes Vierge, c'est parce que, au moment où vous avez vu le jour, le soleil traversait le signe de la Vierge. Ce qui ne signifie pas que votre personnalité dans son ensemble en soit marquée. Les autres planètes de votre thème occupent d'autres signes, qui représentent d'autres dispositions, lesquels vont servir votre nature Vierge. Le soleil est ce vers quoi nous tendons, ce que nous nous proposons de réaliser, notre idéal. En Vierge, il apporte une logique et une capacité d'analyse qui permettent de différencier ce qui relève du Moi et ce qui relève du non-Moi, c'est-à-dire tout ce qui est en lien avec le monde extérieur. Cette différenciation entre soi et l'autre est un passage fragile qui ne peut se réaliser que par l'acquisition de la capacité à dire non. C'est parce que la Vierge apprend à dire non qu'elle quitte le lien fusionnel, qu'elle peut avoir un regard critique sur son environnement et sur la réalité en général. Mais cela ne va pas sans une certaine inquiétude : comment être sûr, si l'on dit non, d'être aimé de l'être auquel on s'oppose (les parents tout d'abord) ? La première de toutes les oppositions étant le refus de donner ce que la mère (ou son substitut) demande au moment de l'éducation à la propreté ! L'enfant Vierge apprendra donc à se retenir et à contrôler ses sphincters. Cela l'incitera à développer, de manière inconsciente, une grande capacité de rétention. D'où sa difficulté à exprimer des émotions (donner) et à suivre ses impulsions (se relâcher), le besoin de contrôle étant toujours dominant dans une personnalité fondée sur la composante anale. L'accession à la différenciation se manifeste souvent de manière presque caricaturale dans le comportement de la Vierge : le natif du signe s'impose des limites et des règles à ne pas transgresser, il est soucieux de morale et se juge aussi sévèrement qu'il juge les autres. On ne peut pas manquer d'évoquer également son désir de perfection, associé à un sentiment d'infériorité qui engendre de nombreux complexes au moment de l'adolescence. Physiquement, la Vierge ne se trouve jamais aussi « bien » que les autres et à force de se comparer à ceux et celles qui lui paraissent mieux lotis, elle finit par avoir une piètre image d'elle-même. Toutefois, quand la Vierge arrive à lâcher prise, elle peut oublier soudain tous ses principes, ses complexes, et se permettre des audaces et des fantaisies incroyables !

> VOTRE VIE PROFESSIONNELLE

C'est vraiment le domaine où vous réalisez le mieux tout votre potentiel et où vos qualités d'organisation s'expriment à fond ! Mais rien n'est jamais simple pour vous, car tout vous semble de la plus haute importance et vous consacrez la même énergie à des détails qu'à des travaux de grande envergure. Cette attitude est dictée non seulement par votre crainte de ne pas être à la hauteur de ce que l'on attend de vous, mais aussi par le fait que vous détestez être jugé ou critiqué ! Généralement, vous n'êtes pas d'une ambition dévorante et vous vous contentez d'être un génial exécutant : vous êtes parfait quand vous appliquez des consignes. Bien sûr, il vous arrive d'obtenir un poste clé, et là tout se complique... Dans l'inquiétude de ne pas réussir, vous êtes sur le dos de vos collaborateurs (sur le vôtre aussi !) et demandez d'eux le meilleur. Votre attitude, votre sens critique, vos exigences énoncées d'un ton un peu abrupt ne vous rendent pas toujours très populaire ! À la limite, vous n'en avez cure, le principal étant que le résultat soit à la hauteur de vos attentes et que vous soyez en paix avec votre conscience professionnelle. Vos rapports avec vos collègues ne sont pas spécialement harmonieux : si vous communiquez facilement (et encore, pas toujours), vous gardez une distance de bon aloi avec eux, de manière à bien différencier votre vie privée de votre vie professionnelle. Vous aimez compartimenter !

> VOS DOMAINES DE PRÉDILECTION

Tous les métiers vous permettant de transmettre un savoir ou d'informer : instituteur, professeur, journaliste critique ou d'investigation, écrivain. Également, les métiers de santé ou de soin : médecin, infirmière, chiropracteur, ostéopathe, acupuncteur, homéopathe, vétérinaire. Mais aussi secrétaire, comptable, mathématicien, commerçant, vendeur, aide-soignant, préparateur en pharmacie.

> VOTRE PROFIL AMOUREUX

Votre pudeur et votre timidité frôlant parfois l'inhibition, vous avez du mal à commencer une relation amoureuse. Reconnaître que vous aimez et que vous êtes aimé est souvent problématique pour vous, car cela induit des questions essentielles : « ai-je raison d'aimer cette personne ? » et surtout : « Pourquoi cette personne m'aime-t-elle ? » Votre signe, vous le savez, allant de pair avec un certain complexe d'infériorité, vous ne comprenez pas ce qui chez vous peut attirer un éventuel partenaire, à part l'intérêt, son intention de profiter de vous d'une façon ou d'une autre... Cependant, si vos doutes ne sont que le reflet de votre modestie, ils ne résistent pas longtemps à l'appel de l'amour et vous abandonnez bien vite vos scrupules et les manifestations de froideur que vous réservez aux « étrangers ». Vous prenez alors confiance en vous et manifestez une gentillesse, une délicatesse de tous les instants. Vous êtes prêt à tout pour satisfaire les désirs de l'élu de votre cœur. Naturel, sincère, fidèle, vous avez tout pour construire un couple solide, d'autant plus que vous êtes prêt à faire de nombreuses concessions pour que l'harmonie règne. Certes, vous manquerez un peu de fantaisie au quotidien, ayant toujours cette crainte d'être pris en faute par l'autre, mais si vous arrivez à vous décontracter, à ne pas vous observer en permanence (et à ne pas faire de même avec l'autre !), tout se passera bien. Même chose en ce qui concerne votre sexualité : il faut apprendre à vous relaxer !

> VOTRE VITALITÉ

Très proche de la nature, autant de la faune que de la flore, vous avez un besoin essentiel de vous y ressourcer. Si vous vivez en ville, il est important que vous en sortiez de temps en temps, rien que pour respirer et retrouver ce contact avec la terre qui vous « lave » la tête. Les promenades à pied, à vélo, le cross et toutes les activités de plein air sont les bienvenus. Toutefois, vous ne détestez pas les jeux de société, ceux qui font réfléchir : le bridge, le tarot, les échecs, les mots croisés. Nombre de Vierge sont des cruciverbistes avertis... et acharnés ! Soucieux de votre santé (parfois hypocondriaque !), vous êtes naturellement féru de diététique et d'hygiène : végétarien, adepte des régimes dissociés et du bio, vous êtes très discipliné dans ce domaine et conservez longtemps un corps bien proportionné. Mais votre nature inquiète étant toujours présente, votre armoire à pharmacie est pleine à craquer et vous ne détestez pas avaler des pilules pour mieux dormir, vous éclaircir le teint, faciliter la digestion ou le transit. Votre vitalité n'est pas extraordinaire, en revanche vous avez une formidable résistance nerveuse ; toutefois, votre nervosité rentrée se retourne souvent contre vous : vous vous rongez les ongles, avez des tics ou les mains moites. Colites, gastrites, aérophagie et surtout migraines seront les effets indésirables de cette nervosité. Toutes les techniques de relaxation vous sont recommandées.

> VOS PRÉFÉRENCES ALIMENTAIRES

Manger sain et utile, telle est votre devise ! La régularité des repas fait également partie de vos priorités et vous n'en sautez un que si vous ne pouvez pas faire autrement. De même, vous préférez manger équilibré plutôt que de vous faire plaisir avec une pâtisserie. Mais, il faut l'avouer, vous n'en êtes pas vraiment friand. Sauf si votre ascendant occupe un signe gourmand : Taureau, Cancer, Balance, voire Poissons. Dans le cas contraire, vous aurez besoin de surveiller ce que vous mangez, sous prétexte de ne pas grossir ou de respecter des règles de diététique. Cela ne vous empêchera pas de cuisiner à merveille et de concocter de délicieux petits plats qui raviront vos invités, étonnés par votre inventivité.

> ANALOGIES DE LA VIERGE

• **Zones du corps :** les intestins, et toute la région abdominale, de même que le système nerveux et les multiples troubles qui peuvent découler du stress.

• **Planète maîtresse :** Mercure. La planète qui gère le mental et la communication est très valorisée en Vierge et marque fortement les natifs du signe. Mais le dialogue ne s'établit pas toujours avec le monde extérieur : il peut être dialogue intime, dans une sorte d'érotisation de la pensée, celle-ci étant l'axe autour duquel toute Vierge se développe.

• **Planète exaltée :** Mercure également.

• **Planètes en exil :** Neptune et Jupiter. Ces deux planètes représentent le développement de soi, l'intégration sociale, l'inconscient collectif. Le souci du détail de la Vierge, sa propension à différencier et à diviser ne sont pas en harmonie avec ces planètes. La Vierge doit donc acquérir une vision moins parcellaire de la vie et des autres.

• **Planète en chute :** Vénus, la planète de l'amour, est mal à son aise en Vierge où elle se trouve enfermée dans un système trop raisonnant. Elle ne peut donner sa pleine mesure, à moins de prendre la pensée pour objet. Au détriment, bien sûr, de la vie amoureuse. Le défi qui vous est lancé est de sortir de ce schéma réducteur.

• **Plantes :** le noisetier et tous les arbres à fruits secs, l'ortie jaune, le pissenlit, le bouton d'or, et les fleurs de couleurs vives.
• **Couleurs :** vert et brun foncé.
• **Pays et villes :** Grèce, Turquie, États-Unis, Brésil, État de Virginie, Paris, Boston, Athènes, Lyon.
• **Animaux :** tous les animaux domestiques, en particulier les chats et les chiens.

> VIERGE CÉLÈBRES

Natacha Amal, Lance Armstrong, David Arquette, Frédéric Beigbeder, Paola de Belgique, Beyoncé, Tim Burton, Emma de Caunes, Sean Connery, Darry Cowl, Laurent Delahousse, Brian DePalma, Émilie Dequenne, Marcel Desailly, Cameron Diaz, Lou Doillon, Michel Drucker, Mireille Dumas, Denise Fabre, Mylène Farmer, Dominique Farrugia, Pascal Fontaine, Greta Garbo, Vittorio Gassman, Richard Gere, Françoise Giroud, Hugh Grant, Salma Hayek, Muriel Hermine, Julio Iglesias, Jeremy Irons, Michael Jackson, Jean-Michel Jarre, Maurice Jarre, Adriana Karembeu, Jean-Claude Killy, Stephen King, Karl Lagerfeld, Jack Lang, Noémie Lenoir, Sophia Loren, Macha Méril, Sam Neill, Claude Nougaro, Emmanuel Petit, Maurice Pialat, Jean Piat, Franck Piccard, Pink, Patrick Poivre d'Arvor, Rania de Jordanie, Keanu Reeves, Ségolène Royal, Claudia Schiffer, Pierre-Luc Séguillon, Michel Serres, Charlie Sheen, Meryl Streep, Jean-Marc Thibault, Raquel Welch, Barry White, Amy Winehouse.

Votre ascendant

L'ascendant, ou Maison I, est calculé d'après votre heure de naissance et représente le point qui se lève à l'horizon au moment où vous voyez le jour. C'est-à-dire que si vous naissez à l'heure où le soleil se lève, votre signe et votre ascendant sont les mêmes. Ensuite, l'ascendant se décale d'un signe toutes les deux heures sur la roue du zodiaque, dans le sens inverse des aiguilles d'une montre. Au contraire du soleil, qui vous renseigne sur l'aspect dominant de votre personnalité, sur l'image idéale que vous voulez montrer de vous-même, l'ascendant représente vos comportements relationnels, la façon dont votre Moi s'est construit et dont vous utilisez votre potentiel.

Pour calculer votre ascendant: twelv.love

ASCENDANT BÉLIER

Vous avez une personnalité énergique qui vous pousse à agir avec beaucoup d'instinct et d'intuition. Vous mettez votre volonté et votre détermination au service de votre travail, quel qu'il soit, et surtout de votre besoin de perfection. Toutefois, votre nature Vierge freine vos élans, vos excès « Bélier », et vous incite à écouter davantage la voix de la raison, ce qui n'est pas un mal ! Mais la susceptibilité est à son maximum dans une telle configuration, et vous réagissez avec agressivité lorsqu'on vous chatouille un peu trop ! Tout en éprouvant des doutes et des regrets, car la Vierge vous pousse à analyser chacun de vos gestes ! Plus que les autres membres du signe, vous parvenez à extérioriser vos émotions et appréciez de les partager, quitte à houspiller un peu vos proches ! Mais vous voyez généralement les autres tels qu'ils seraient s'ils étaient parfaits ! Votre besoin de conquérir se mêle à des comportements d'attente qui vous permettent de réfléchir et de poser vos actions. L'impulsivité du Bélier est donc bien tempérée par la Vierge, et le mélange de ces deux signes peut être d'une redoutable efficacité. De plus, vous ne lâchez pas prise facilement et, quand vous avez décidé quelque chose, seules des démonstrations irréfutables peuvent vous faire changer d'avis. en tout cas, l'humour n'est jamais absent d'une telle configuration, et vous vous observez vous-même avec un regard amusé, sans vous prendre vraiment au sérieux ! Vos talents naturels vous porteront vers le dessin, artistique ou industriel, vers les métiers d'ingénieur, de dentiste, d'éducateur, de professeur de gymnastique, et vous y réussirez à la force du poignet ! Mais vous devrez veiller à ne pas trop mettre vos sentiments et votre émotivité à l'écart...

• **Vos atouts :** mis au pied du mur, vous vous adaptez aux situations les plus difficiles et vous êtes un organisateur de talent. Vous êtes plus optimiste que la Vierge classique et savez motiver vos partenaires, leur insuffler votre énergie. Vous avez l'esprit de clan et défendez les vôtres bec et ongles si on les attaque.

• **Vos difficultés :** quand vous êtes fâché, vos colères n'explosent pas franchement, mais vos paroles se font parfois très blessantes. De plus, vous pouvez vous montrer extrêmement rancunier.

• **Vos fragilités :** la tête (vous avez souvent des migraines), le surmenage (vous voulez trop en faire) et les problèmes de vue. Vos dents peuvent également vous causer quelques soucis.

Mars est votre maître d'ascendant, étudiez ses mouvements avec attention.

> VOTRE ÂME SŒUR

Selon votre signe et votre ascendant-descendant. Le descendant est le secteur opposé à l'ascendant et représente le monde des autres, les rencontres, les unions et associations... Votre descendant occupe le signe de la Balance, opposé et complémentaire du Bélier. Vos partenaires doivent être aimants, attentionnés, n'avoir que vous en tête et supporter votre tempérament de feu, pas toujours facile à vivre. Ils doivent aussi posséder une force de caractère non exprimée de manière que vous puissiez les respecter. Votre choix se portera sur les Balance, les ascendant Balance et toute personne ayant la Lune ou Vénus dans ce signe. Ils possèdent un sens de l'équilibre inné et sont capables de bien des compromis pour maintenir l'harmonie. Ils sauront faire de votre maison un doux refuge, un « repos du guerrier », et doperont vos ambitions. Mais vous vous entendrez bien également avec les Sagittaire ou ascendant Sagittaire. Vous regarderez dans la même direction et partagerez des centres d'intérêt. Que ce soit le sport, la lecture ou les voyages, ils vous rapprocheront et créeront une agréable diversité dans votre vie. Avec les Lion ou ascendant Lion, il y aura beaucoup d'amour, et même de la passion. Ce signe vous révélera ce qu'il y a de meilleur en vous et vous poussera à vous dépasser. Ses aspects « frimeurs » gêneront la Vierge que vous êtes, mais ça ne devrait pas être un obstacle. Les Gémeaux ou ascendant Gémeaux vous amuseront, mais ne seront pas assez fiables à votre goût. En revanche, vous serez épaté par les Verseau ou ascendant Verseau et envierez leur liberté de comportement.

ASCENDANT TAUREAU

Séduisant, charmeur, sensuel, les qualificatifs sont nombreux pour décrire une personnalité qui a un goût particulier pour la vie et les bonnes choses. Votre motivation de base est de posséder, garder, conserver. Que ce soit dans vos relations affectives ou sur le plan matériel, le moins que l'on puisse dire, c'est que vous n'aimez pas perdre ! Sécurité et sérénité sont vos mots-clés : vous ne vous épanouissez que dans la certitude que rien ne va vous manquer et que ce que vous avez construit, professionnellement ou affectivement, ne sera jamais détruit. Probablement parce qu'il n'est pas inscrit en vous que vous avez la capacité de récupérer quelqu'un, quelque chose, ou de reconstruire... Vos habitudes et votre petit confort personnel ont une certaine importance dans votre vie, dans la mesure où ils sont synonymes de cette sécurité qui a tant d'importance à vos yeux. Il vous arrive d'être gourmand, dans tous les sens du terme, et votre nature vous porte à prendre des kilos indésirables, contre lesquels vous avez cependant des armes efficaces. Même si les frustrations imposées par un régime vous ennuient profondément, vous développez les qualités de discipline propres à la Vierge et parvenez à une forme d'équilibre. Dans vos relations avec les autres, vous êtes d'une grande méfiance : si vos amis ou vos collègues ne vous prouvent pas leur loyauté, vous ne vous laissez pas complètement aller avec eux. En outre, comme vous êtes d'une grande gentillesse, et que vous êtes du genre à aider, à vous rendre utile, vous attendez tout de même quelque chose en retour. Même si vous prétendez le contraire ! Or, inéluctablement, les autres ne vous rendent pas à la mesure de ce que vous donnez et vous leur en gardez rancune. Pis encore s'ils vous trahissent... Vos goûts vous portent vers des activités artistiques (dessin, peinture, chant), vers un des métiers du spectacle, ou alors carrément vers le commercial, la finance.

• **Vos atouts :** la créativité, le sens du beau et du bon, la solidité et un formidable appétit de vivre qui vous rendent très sympathique aux autres. Vous déployez également des trésors de patience et d'attention vis-à-vis de ceux que vous aimez. Par ailleurs, vous avez le sens des affaires !

• **Vos difficultés :** un rythme lent, calqué sur celui de la digestion, un entêtement et une obstination qui peuvent agacer, et une totale mauvaise foi. Vous voulez toujours avoir raison et acceptez difficilement les remises en question. Par ailleurs, la jalousie peut vous empoisonner la vie !

• **Vos fragilités :** la gorge, les organes sexuels, la glande thyroïde. Et, nous l'avons déjà vu, une nette tendance à prendre du poids !

Vénus est votre maître d'ascendant, étudiez ses mouvements avec attention.

> VOTRE ÂME SŒUR

Selon votre signe et votre ascendant-descendant. Le descendant est le secteur opposé à l'ascendant et représente le monde des autres, les rencontres, les unions et associations... Votre descendant occupe le signe du Scorpion, opposé mais complémentaire du Taureau. Ce qui signifie que vos relations amoureuses doivent être intenses, passionnées, exclusives. Le partenaire ne doit regarder que vous, sinon vous le vivez comme une trahison. Il doit maintenir un haut niveau d'intensité entre vous, qui se traduit généralement par une vie sexuelle très active. Toute séparation vous est plus pénible qu'à d'autres ; vous mettez beaucoup de temps à vous en remettre et ne redonnez pas facilement votre confiance. Les personnes qui sont Scorpion, ascendant Scorpion, ou qui ont la Lune ou Vénus dans ce signe vous attireront donc particulièrement, car elles possèdent les qualités que vous recherchez. Votre union sera passionnante, mais il risque d'y avoir des problèmes de jalousie. Vous vous entendrez également avec les Capricorne ou ascendant Capricorne : vous partagerez plusieurs centres d'intérêt et leur ambition vous séduira. La relation pourrait s'inscrire dans la durée, le Capricorne étant d'une solidité et d'une fidélité à toute épreuve ! C'est le romantisme, la sensibilité des Cancer ou ascendant Cancer qui vous attirera, leur sensualité également. De plus, vous partagerez les mêmes idées sur la famille et ses valeurs. Avec les Poissons ou ascendant Poissons, vous apprendrez à laisser parler votre cœur et ils pourraient bien être l'idéal que vous recherchez. N'oubliez pas non plus ceux de votre signe ou ayant l'ascendant en Vierge...

ASCENDANT GÉMEAUX

Le Gémeaux est rapide, mobile, toujours en mouvement et les sens en éveil. Il s'adapte à toutes les situations et adore la diversité. La curiosité propre aux deux signes est un atout, car elle vous pousse très tôt à lutter contre la nature un peu trop routinière de la Vierge, à vous intéresser également de très près à la vie de vos proches et à essayer de mieux les comprendre. Vous avez généralement une véritable soif d'informations que beaucoup d'entre vous utilisent dans leur vie professionnelle : le journalisme, par exemple, est un domaine qui vous attire, de même que la publicité ou tout ce qui touche au domaine littéraire. Mais l'éducation, le travail auprès des adolescents en difficulté et tout ce qui a trait au social, au soin, sont également parmi vos centres d'intérêt. Dans vos relations avec autrui, vous êtes capable d'avoir une distance qui vous permet d'exercer votre sens critique et votre humour. Vous en avez même parfois trop, ce qui laisse penser que vous manquez de sensibilité. En revanche, votre propension à vous comparer toujours aux autres et à vous dévaloriser n'est pas franchement un atout ! Ne cherchez pas à être parfait, veillez à ne pas trop retourner votre sens critique contre vous, et à ne pas refuser certaines relations ou certaines promotions sous prétexte que vous n'êtes pas à la hauteur de ce que vous supposez qu'on attend de vous ! Par ailleurs, votre ascendant vous invite à apprécier le jeu, les mots d'esprit et la gymnastique intellectuelle ; de même que vous aimez ne jamais montrer la même facette de votre personnalité. C'est la raison pour laquelle vous faites souvent un excellent comédien. Mais on peut dire que votre Moi manque d'unité, qu'il est sans cesse en construction et que vous avez plus tendance à imiter les autres qu'à vous affirmer en tant que personne sûre de son identité et de ses choix.

• **Vos atouts :** vous comprenez rapidement et apprenez très vite. Doué pour pas mal de choses, vous êtes capable d'exercer plusieurs activités en même temps.

• **Vos difficultés :** vous pensez trop et vous posez trop de questions ! Vous avez également tendance à exagérer vos inquiétudes, vos impressions. Vos réactions sont souvent de type adolescent, même quand vous avez pris de l'âge ! Passer au stade adulte vous demande d'ailleurs un travail sur vous-même, difficile parce qu'il implique des frustrations.

• **Vos fragilités :** le système respiratoire, les bronches, les poumons, ainsi que les mains. Et vous êtes champion de la nervosité !

Mercure est votre maître d'ascendant, étudiez ses mouvements avec attention.

> VOTRE ÂME SŒUR

Selon votre signe et votre ascendant-descendant. Le descendant est le secteur opposé à l'ascendant et représente le monde des autres, les rencontres, les unions et associations... Votre descendant est en Sagittaire, signe opposé et complémentaire du Gémeaux. Ce qui signifie que vous avez besoin de partenaires qui ont de l'importance à vos yeux et qui vous en donnent. Ils doivent vous permettre de changer fréquemment d'univers et d'avoir une vie sociale animée. Ils doivent aussi vous faire « voyager », autant dans la réalité que dans votre tête. Les Sagittaire, les ascendant Sagittaire ainsi que ceux qui ont la Lune ou Vénus dans ce signe seront votre premier choix. Ils vous attireront parce qu'ils sont tout ce que vous n'êtes pas : à l'aise dans leur vie et avec les autres. Toutefois, la relation risque de manquer de stabilité. Vous vous entendrez également très bien avec les Bélier ou ascendant Bélier, votre relation sera fondée sur de nombreuses affinités... Avec les Lion ou ascendant Lion, vous communiquerez facilement et il y aura souvent une belle complicité. Vous les admirerez et ils vous pousseront à donner le meilleur de vous-même. Avec les Balance ou ascendant Balance, il y aura beaucoup d'amour et la possibilité de vivre quelque chose de plus stable, de plus profond. Enfin, avec les Verseau ou ascendant Verseau, vous serez particulièrement à l'aise, d'autant que vous partagerez de nombreux centres d'intérêt.

ASCENDANT CANCER

Vous pouvez donner une apparence de fragilité et d'immaturité qui touche les autres et suscite l'envie de vous prendre en charge, de se comporter en parent protecteur. Mais vous pouvez aussi être vous-même très protecteur et avoir envie de prendre toute votre famille sous votre aile, votre soleil Vierge vous portant littéralement à prendre soin de ceux que vous aimez ! Votre entourage familial est en effet l'axe principal autour duquel vous vous développez, et la tendresse, la sécurité qui s'y rattachent vous en rendent dépendant. En toutes circonstances, même dans votre vie professionnelle, vous avez besoin de recréer une famille autour de vous. Sujet à des humeurs en dents de scie, vous êtes fondamentalement inquiet et avez sans cesse besoin de faire quelque chose pour vous rassurer : il arrive que ce rôle soit dévolu à la nourriture, car le Cancer est très gourmand, et si vous avez des kilos en trop, ce n'est pas étonnant... Mais l'homme ou la femme de votre vie peut jouer ce rôle et vous offrir le refuge que vous recherchez. Attention cependant, vous risquez de l'envahir, ou de le rendre seul responsable de votre bien-être. C'est une lourde charge pour certains, aussi ne vous étonnez pas si vos relations amoureuses manquent de stabilité, en tout cas dans la première partie de votre vie.

• **Vos atouts :** vous êtes accrocheur, volontaire et capable de réussir dans vos entreprises, même si vous vous dispersez parfois. Vous savez donner l'impression que vous vous intéressez à l'autre, que vous savez l'écouter. Par ailleurs, votre imaginaire est florissant et nourrit une créativité qui peut trouver plusieurs moyens de s'exprimer.

• **Vos difficultés :** en dehors de vos caprices et de vos sautes d'humeur pas toujours faciles à vivre, vous êtes souvent trop susceptible. Attention également à un excès de romantisme, qui vous pousse à entretenir des relations ou des sentiments qui n'existent pas réellement.

• **Vos fragilités :** principalement le système digestif et toute maladie psychosomatique liée à un excès d'émotivité.

La lune est votre maître d'ascendant, étudiez-la avec attention.

> VOTRE ÂME SŒUR

Selon votre signe et votre ascendant-descendant. Le descendant est le secteur opposé à l'ascendant et représente le monde des autres, les rencontres, les unions et associations... Vous avez le descendant en Capricorne, ce qui indique que vos relations doivent s'inscrire dans la durée et que vos partenaires doivent posséder une certaine maturité ; d'ailleurs ils sont parfois plus âgés que vous et vous apportent la stabilité et la fidélité dont vous avez besoin pour éloigner la solitude. C'est en effet ce que vous craignez le plus ! Les Capricorne, les ascendant Capricorne et toute personne ayant la Lune ou Vénus dans ce signe sont donc votre premier choix, ils possèdent les qualités requises ! Avec eux, vous vous sentirez en totale harmonie. Mais vous vous entendrez également très bien avec les Taureau ou ascendant Taureau, aussi fidèles et « nature » que vous. De plus, vous serez très attiré par leur sensualité. Vous pouvez aussi bien vous accorder avec les personnes de votre signe ou ayant l'ascendant en Vierge : vous serez en terrain connu et la communication passera bien. Les Scorpion ou ascendant Scorpion ainsi que les Poissons ou ascendant Poissons auront également votre faveur, l'élément eau vous invitant à exprimer davantage vos émotions, à être un peu moins dans le contrôle.

ASCENDANT LION

Vous avez du goût et aimez tout ce qui est beau. Les apparences vous séduisent le plus souvent, mais la curiosité et la lucidité de la Vierge vous invitent à aller voir ce qui se cache au-delà du miroir. Plus que d'autres, vous avez besoin d'avoir la sensation d'exister et de compter pour ceux qui vous entourent : on ne vous a probablement pas assez valorisé dans votre enfance. L'orgueil et l'amour-propre peuvent dominer votre caractère, ce qui vous donne envie de réussir, d'être le premier, d'impressionner les autres. Mais vous ne pouvez vous empêcher de critiquer ces tendances, voire de les dévaloriser. Vous avez des dons d'organisation et savez prendre des risques tout en ne vous mettant pas vraiment en danger, car vous détestez l'échec. Vous êtes plus sentimental que la Vierge classique, mais vous êtes facilement déçu par le comportement des autres, surtout en amour. Le besoin de créer est également important dans votre existence, que ce soit à travers une activité artistique (liée à l'image) ou en faisant des enfants et en vous consacrant à leur éducation ! Vous avez de l'autorité, mais ne l'utilisez qu'à bon escient. On vous reproche parfois de ne penser qu'à votre travail, qu'à vos résultats et à vos intérêts matériels, mais c'est un discours que vous ne comprenez pas vraiment dans la mesure où vous êtes persuadé que tout le monde est comme vous...

• **Vos atouts :** vous êtes honnête, loyal, droit et l'on peut faire confiance à votre formidable puissance de travail. Vous avez également le sens des valeurs et pouvez vous montrer d'une grande générosité.
• **Vos difficultés :** on vous reprochera d'être sensible aux compliments et aux flatteries. Par ailleurs, votre envie d'imposer votre manière de faire en toutes circonstances peut agacer vos proches. Vous cherchez souvent à faire leur bien malgré eux !
• **Vos fragilités :** le cœur, le dos, la vue.
Le Soleil est votre maître d'ascendant, sa position et ses aspects sont à étudier avec attention.

> VOTRE ÂME SŒUR

Selon votre signe et votre ascendant-descendant. Le descendant est le secteur opposé à l'ascendant et représente le monde des autres, les rencontres, les unions et associations... en amour, vous ne prenez de risques que lorsque vous êtes assuré de ne pas aller au-devant d'un échec ! Aussi vous arrive-t-il d'attendre (longtemps) que l'autre vienne vers vous. De plus, votre ascendant vous pousse à montrer de vous une image parfaite, image qui ne reflète pas toujours la réalité – et vous le savez. Votre descendant est en Verseau, opposé et complémentaire du Lion, ce qui signifie que vous avez besoin de partenaires généreux et altruistes, qui vous incitent à vous dépasser. Ils doivent être fantaisistes, originaux et surtout vous devez pouvoir les admirer. Ils doivent aussi faire preuve d'indépendance et ne pas vous étouffer. Les Verseau, les ascendant Verseau ou toute personne ayant la Lune ou Vénus dans ce signe auront donc la priorité, même si leur fantaisie vous déroute parfois. Les Gémeaux ou ascendant Gémeaux vous attireront, mais votre nature Vierge se méfiera de leur apparente légèreté. Les Balance ou ascendant Balance seront un bon choix, leur goût pour l'harmonie vous séduira et vous communiquerez facilement. Les Sagittaire ou ascendant Sagittaire pourraient aussi faire partie de vos choix, leur charme agissant puissamment sur vous ; mais ils ne seront probablement pas assez stables pour vous, à moins que vous ne les rencontriez en deuxième partie de vie. N'oublions pas les Bélier ou ascendant Bélier, qui partageront votre vision de l'existence.

ASCENDANT VIERGE

Cette signature astrale accentue les qualités et défauts du signe. Toutefois, ils seront plus ou moins passifs ou actifs selon que votre soleil se placera avant ou après le degré précis de l'ascendant.
Mercure est votre maître d'ascendant, étudiez ses mouvements avec attention.

> VOTRE ÂME SŒUR

Selon votre signe et votre ascendant-descendant. Le descendant est le secteur opposé à l'ascendant et représente le monde des autres, les rencontres, les unions et associations... Vous n'êtes pas très à votre aise dans la relation amoureuse : pudique à l'extrême, vous n'avouez pas facilement vos sentiments et attendez que l'autre vous devine. Par ailleurs, vous avez le sens du service et êtes prêt à vous dévouer corps et âme à ceux que vous aimez. Pour vous faire accepter, vous êtes capable d'une grande gentillesse, de ne rien refuser à l'autre. Quitte à vous mettre de lourdes charges sur les bras... Votre descendant occupe le signe des Poissons, opposé et complémentaire de la Vierge : vous avez donc besoin de partenaires sensibles, qui soient à votre écoute et ne mettent pas votre pudeur à mal. Les relations doivent vous faire penser, fantasmer. Ce qu'un Poissons ou ascendant Poissons saura parfaitement faire, car il aime entretenir le mystère et se montre juste assez fuyant pour piquer la curiosité de l'autre. De même qu'un Scorpion ou ascendant Scorpion, passé maître dans l'art des émotions fortes : c'est précisément ce dont vous avez besoin ! Mais les Cancer ou ascendant Cancer ainsi que les Taureau ou ascendant Taureau vous correspondent également : leur sensibilité et leur sensualité ne peuvent que vous stimuler. Vous pouvez aussi être attiré par les Capricorne ou ascendant Capricorne pour leur sérieux et leur fidélité. Mais votre couple ne sera pas forcément d'une grande gaieté !

ASCENDANT BALANCE

Vous êtes sensible aux ambiances et à l'harmonie entre les êtres. Parfois le monde extérieur vous effraie, mais vous avez tant besoin d'amour que vous allez naturellement vers les autres. Vous avez également besoin de relations amicales, même si vous avez parfois du mal à les provoquer à cause de votre timidité. Mais vous êtes capable d'une audace surprenante quand vous vous sentez soutenu et approuvé. La solitude est ce qui vous effraie le plus, de même que la peur d'être abandonné ou rejeté. Et cela peut vous empêcher de vous lancer dans des relations amoureuses ! Très tôt dans votre vie, vous comprenez que vous n'atteindrez votre équilibre que lorsque vous aurez trouvé l'âme sœur ou en tout cas quelqu'un pour partager vos états d'âme. Même dans votre travail, il vous est nécessaire de faire équipe avec une ou plusieurs personnes, voire de vous associer, car vous ne voyez pas l'intérêt de réussir tout seul. Vous avez besoin qu'on vous motive et qu'on vous encourage. Vous n'aimez pas les rapports de force et développez très tôt des qualités de diplomate ou d'intermédiaire. Votre sens de la justice est également très développé, et il vous arrive de vous passionner pour des causes ou des actions humanitaires. Par ailleurs, vous êtes attiré par les arts : musique, danse, peinture font partie de vos loisirs et participent à votre équilibre.

• **Vos atouts :** vous savez faire taire votre agressivité pour entretenir de bonnes relations avec tout le monde.

Vous êtes de bon conseil et vous investissez à fond dans votre travail, ou dans les buts que vous poursuivez. Et quand vous réussissez, vous savez être reconnaissant à ceux qui vous ont apporté leur soutien.

• **Vos difficultés :** vous êtes hésitant et même parfois fuyant quand quelqu'un vous montre ses sentiments ! Vous avez du mal à faire un choix et à prendre une décision tranchée. Vous faites souvent trop attention à ce que l'on pense de vous...

• **Vos fragilités :** les reins surtout, et la vésicule biliaire.

Vénus et Saturne sont vos planètes maîtresses, étudiez-les avec attention.

> VOTRE ÂME SŒUR

Selon votre signe et votre ascendant-descendant. Le descendant est le secteur opposé à l'ascendant et représente le monde des autres, les rencontres, les unions et associations... Vous gagnez à être connu parce que vous êtes particulièrement gentil, généreux et que vous savez vous dévouer, voire vous sacrifier pour ceux que vous aimez. Vous avez le don de vous mettre à la place des autres et de leur apporter votre soutien sous forme de conseils ou de soins. Mais votre manque d'assurance peut vous inciter à attendre de l'autre plus qu'il ne peut vous donner. Votre descendant étant en Bélier, vous avez besoin de partenaires qui soient actifs, décideurs et enthousiastes. Vous devez faire équipe avec eux et pouvoir compter sur eux en toutes circonstances. Ils doivent également vous donner l'envie de dépasser tout ce qui vous limite. Un Bélier ou un ascendant Bélier sera probablement votre premier choix, ce signe étant un des plus stimulants du zodiaque. Mais vous aurez parfois l'impression qu'il vous secoue un peu trop ! Toutefois, les Sagittaire ou ascendant Sagittaire, ainsi que les Lion ou ascendant Lion, seront également de bons équipiers avec qui vous entretiendrez des liens complices et qui auront de l'audace pour deux. Les Gémeaux ou ascendant Gémeaux vous attireront, mais leur légèreté vous fera peur. Les Verseau ou ascendant Verseau seront également parfaits pour faire le chemin avec vous, si leur indépendance ne vous effraie pas trop !

ASCENDANT SCORPION

Volontiers secret, mystérieux et intériorisé, vous êtes profondément déterminé à donner corps à vos désirs. Vos impulsions sont très fortes et votre détermination n'a d'égale que votre volonté de toujours progresser. Plutôt passif de nature, vous aimez jouer les éminences grises et influencer les idées et les opinions des autres. Vous y parvenez grâce à votre connaissance innée de ce qu'ils ont en eux, de ce qu'ils veulent cacher, et grâce aussi à un savoir-faire que beaucoup vous envient : vous êtes malin, voire rusé, et votre sens de la stratégie est l'un de vos principaux atouts ! Mais il vous arrive, quand vous aimez, de perdre vos moyens, de vous trouver désarmé face à votre partenaire... Alors qu'en amitié vous déployez des trésors de délicatesse et distillez des conseils judicieux. Cela vous pose problème et vous conduit à vous auto-analyser et à être assez dur avec vous-même : cet excès de lucidité produit alors du désenchantement. Le monde peut vous paraître merveilleux pendant de longues années, mais vous le trouvez finalement décevant, car beaucoup de comportements humains vous paraissent malhonnêtes et faux. Votre recherche de naturel, de pureté et d'authenticité, votre refus des faux-semblants se heurtent à une réalité dont vous ne vous accommodez pas facilement. Aussi aimez-vous, le plus souvent, vous évader dans des projets auxquels vous apportez un soin particulier, ou dans votre travail, qui est le pôle le plus solide de votre vie.

• **Vos atouts :** l'intelligence analytique, la force intérieure, la ténacité et un sens de l'humour très corrosif. Vous êtes séducteur, comme tous les Scorpion, mais capable d'une formidable fidélité à l'être aimé, surtout s'il ne vous déçoit pas...

• **Vos difficultés :** une jalousie et une possessivité qui vous jouent des tours, car c'est votre talon d'Achille. Vous les déguisez souvent en inquiétude et en arrivez à culpabiliser l'autre ! On vous reproche souvent votre apparente passivité, vos silences chargés de sens, votre besoin de rivaliser, de contrôler votre entourage.

• **Vos fragilités :** les organes sexuels, ainsi que les intestins.

Pluton et mars sont vos planètes maîtresses, étudiez-les avec attention.

> VOTRE ÂME SŒUR

Selon votre signe et votre ascendant-descendant. Le descendant est le secteur opposé à l'ascendant et représente le monde des autres, les rencontres, les unions et associations... Quand vous êtes à l'aise avec votre partenaire, et bien dans votre peau, vous donnez beaucoup et montrez à quel point vous pouvez rivaliser d'intelligence et de perspicacité pour pimenter votre couple et le faire sortir de la routine. Doté d'un sens de l'observation et d'un sens critique qui n'épargne personne, pas plus l'autre que vous-même, vous savez faire rire votre partenaire. Il fait bon vivre à vos côtés, pour peu qu'on accepte d'être remis en question, voire poussé dans ses retranchements ! Votre descendant occupe le Taureau, signe opposé et complémentaire du Scorpion, ce qui signifie que vous avez besoin de partenaires doux, tendres et fidèles, qui vous sécurisent et n'utilisent pas vos faiblesses pour en faire leurs propres forces. Le désir doit toujours être présent entre vous. Les Taureau, ascendant Taureau et toute personne ayant la Lune ou Vénus dans ce signe seront donc vos partenaires favoris, et leur sensualité vous fera totalement craquer. Mais les Capricorne ou ascendant Capricorne auront également le sérieux et la fidélité que vous recherchez chez l'autre. Votre propre signe ou l'ascendant Vierge, ainsi que les Poissons ou ascendant Poissons vous correspondront aussi très bien, de même que les Cancer ou ascendant Cancer : leur sensibilité vous désarmera le plus souvent !

ASCENDANT SAGITTAIRE

Voilà un mélange de signes qui dénote pas mal de contradictions et qui peut vous donner une belle force intérieure si vous arrivez à dépasser ce qui vous limite ! Il y a en vous à la fois un grand besoin de vous lancer des défis, d'aller toujours plus haut, que ce soit sur le plan intellectuel ou physique, et la modération et l'autocritique permanente de la Vierge. Optimiste et chaleureux, vous possédez une aisance naturelle et une confiance en vous qui ne ressemblent pas du tout au portrait de la Vierge ! Il arrive même que vous ne soyez pas conscient de ce potentiel, tant la Vierge vous incite à la modestie et à la dévalorisation. Généralement, vous attirez la sympathie et savez intelligemment vous entourer. Votre envie d'effacer les frontières fait de vous un citoyen du monde, qui adore voyager et faire des expériences. Toutefois, si le côté farouche de la Vierge l'emporte, vous organiserez des voyages pour les autres, vous évaderez dans la littérature, la philosophie, dans votre travail ou grâce à la télévision... Très tôt dans la vie, vous avez besoin d'espace pour vous mouvoir, pour penser et développer votre intelligence, qui peut être extrêmement brillante. Manuel ou intellectuel, homme d'affaires ou simple employé de bureau, vous êtes naturellement le meilleur et même quand vous vous faites dépasser, ou quand vous subissez un échec, vous savez rester beau joueur. En apparence ! Par ailleurs, vous êtes un bon vivant, de ceux qui savent profiter des bonnes choses de l'existence et les partager avec leurs proches. Votre appétit de vivre est contagieux : on se sent bien en votre compagnie et vous êtes de très bon conseil. Mais, encore une fois, si la Vierge l'emporte, vous canalisez ces tendances au point de les refouler !

• **Vos atouts :** votre intelligence et votre efficacité dans le travail, alliées à un sens des valeurs bien ancré. Vous possédez aussi un excellent jugement et une vision très réaliste des problèmes qui vous sont posés. Mais, comme toute Vierge, vous risquez de vous noyer dans des détails !

• **Vos difficultés :** vous voulez toujours avoir raison, tout organiser, tout gérer et contrôler. Quand ce n'est pas le cas, vous êtes totalement paniqué ! Vos colères sont mémorables, mais vous ne les exprimez pas forcément et les retournez le plus souvent contre vous. Il faut aussi surveiller votre poids !

• **Vos fragilités :** tout le système circulatoire, ainsi que le foie.

Jupiter est votre maître d'ascendant, étudiez-le avec attention.

> VOTRE ÂME SŒUR

Selon votre signe et votre ascendant-descendant. Le descendant est le secteur opposé à l'ascendant et représente le monde des autres, les rencontres, les unions et associations... L'autre n'est jamais assez parfait et vous ne répugnez pas à changer de partenaire tant que vous n'avez pas trouvé la personne idéale. Quitte à passer pour quelqu'un d'instable. Toutefois, si vous appréciez le changement, c'est dans un cadre très précis : en fait, vous savez exactement ce que vous voulez, qui vous voulez et de quoi votre avenir doit être fait ! Votre descendant occupe le signe des Gémeaux, opposé et complémentaire du Sagittaire. Ce qui veut dire que vous avez besoin de partenaires fantaisistes, qui sachent s'adapter et faire preuve d'humour. Les relations doivent être simples, spontanées, non sans respecter votre besoin d'espace, de liberté et de changement. Cet être multiple qu'est le Gémeaux ou ascendant Gémeaux (ou toute personne ayant la Lune, voire Vénus dans ce signe) vous conviendra parfaitement, car il n'est jamais le même. Les Verseau ou ascendant Verseau sauront également vous séduire par leur intelligence et vous surprendre par leur indépendance et leur fantaisie. Les Bélier ou ascendant Bélier et les Lion ou ascendant Lion vous stimuleront et partageront vos loisirs, vos goûts. Par ailleurs, vous ne serez jamais indifférent aux Balance ou ascendant Balance, peut-être le compagnon idéal pour vos vieux jours...

ASCENDANT CAPRICORNE

Votre signe et votre ascendant sont en harmonie, ce qui vous donne une personnalité cohérente, stable et équilibrée, mais pas toujours très chaleureuse ni communicative. C'est probablement votre fierté qui vous isole, ou le sentiment de ne pas être apprécié à votre juste valeur... Cela dit, vous ne détestez pas, comme tous ceux qui sont marqués par le Capricorne, les moments de solitude qui vous permettent de travailler, lire, penser, réfléchir tout à votre aise. Depuis toujours, vous vous sentez responsable des autres ou des tâches que l'on vous confie ; aussi, tout naturellement, votre détermination et votre pouvoir de concentration Capricorne se mettent au service de la Vierge et de son souci de perfection. Il arrive, à certains moments, que vous manquiez de confiance en vous et que la crainte de l'échec vous retienne. Mais cela ne dure jamais bien longtemps et il suffit d'une petite réussite, voire d'un compliment, pour vous redonner envie de conquérir le monde. Ce que vous faites généralement avec beaucoup de patience, car vous savez que vous avez du temps devant vous et que rien ne se fait sans lui. D'apparence froide et distante, vous avez plus de sensibilité qu'on ne le pense généralement. Simplement vous la dissimulez sous des côtés bourrus ou derrière une apparence soucieuse. Mais quand on va au-delà de vos défenses, vous révélez des trésors de tendresse et d'humour. Gros travailleur, vous accordez beaucoup d'importance aux résultats, la quantité de travail et la difficulté ne vous rebutant pas. D'ailleurs, l'angoisse d'être rejeté, abandonné, la peur de l'échec sont chez vous de puissants moteurs qui peuvent autant vous freiner que vous faire avancer. Vous devez faire attention à ce que votre orgueil ne joue pas un rôle négatif dans vos relations amoureuses.

• **Vos atouts :** une indéfectible fidélité et un sérieux qui font de vous la personne sur qui l'on peut compter en toutes circonstances. Un sens des réalités et une détermination qui s'ajoutent à une ambition parfois sans limites.

• **Vos difficultés :** un excès de froideur ou de réserve, des difficultés à communiquer dans le couple et un certain manque de fantaisie.

• **Vos fragilités :** les os et la peau.

Saturne est votre maître d'ascendant, étudiez ses mouvements avec attention.

> VOTRE ÂME SŒUR

Selon votre signe et votre ascendant-descendant. Le descendant est le secteur opposé à l'ascendant et représente le monde des autres, les rencontres, les unions et associations... en couple, vous n'exprimez pas assez ce que vous ressentez, surtout quand vous êtes ému. Vos partenaires sont souvent frustrés, car vous ne communiquez pas suffisamment avec eux, en tout cas pas de manière directe. De plus, vos côtés paternalistes sont souvent agaçants pour l'autre ! Votre descendant étant en Cancer, signe opposé et complémentaire du Capricorne, vous avez besoin de partenaires qui vont savoir percer vos défenses à force de tendresse et d'attentions. Les Cancer ou ascendant Cancer sont donc particulièrement indiqués, car ils ont un côté enfantin qui vous fera craquer. Mais attention à leurs sautes d'humeur et à leurs côtés dépendants qui, à la longue, risquent de vous peser ! La sensibilité des Poissons ou ascendant Poissons vous fera fondre et vous formerez un bon couple avec eux, car ils sauront vous écouter et vous vous confierez plus facilement. Vous vous entendrez bien par ailleurs avec les Taureau ou ascendant Taureau, des partenaires de rêve sur le papier, ainsi qu'avec votre propre signe ou l'ascendant Vierge. Les Scorpion ou ascendant Scorpion ne vous laisseront jamais indifférent : leur magnétisme vous fascinera.

ASCENDANT VERSEAU

Une grande liberté de comportement et une forte indépendance caractérisent votre ascendant, mais entrent en conflit avec votre nature Vierge, plutôt inquiète, peu aventureuse et aussi cérébrale que le Verseau. Pour vos proches, vous n'êtes pas facile à comprendre, car vous avez une logique bien à vous qui entre souvent en conflit avec la leur. Angoissé de naissance, vous pouvez être paralysé par vos peurs, comme elles peuvent vous servir de moteur et faire de vous quelqu'un de brillant. La plupart du temps, votre intérêt pour les autres vous permet de vous équilibrer et de chasser vos démons intérieurs. Vous avez une puissance de travail impressionnante et vous arrangez toujours pour vous spécialiser dans votre domaine, ou trouver une manière de faire qui sera différente de celle des autres. Vous adorez avoir des projets et vous servez de votre sens pratique Vierge pour les concrétiser. Mais vous devez faire attention à ne pas vous disperser ! Au quotidien, les moments de tension sont fréquents, vous avez tendance à vous angoisser et même à somatiser ! Vous avez besoin d'aimer et de construire, comme tout un chacun, mais il arrive que vous viviez vos engagements comme une contrainte. Et dans la vie de tous les jours, vous avez besoin de fantaisie, tout en ne détestant pas les habitudes qui rassurent. Dans certains cas, vous pourrez souffrir de phobies invalidantes et devrez bénéficier, plus que d'autres, d'une psychothérapie. La psychologie vous intéresse d'ailleurs, ainsi que toutes les nouvelles techniques de soin. La notion d'aide et de service prend en fait tout son sens avec le Verseau à l'ascendant, car c'est le plus humaniste et le plus altruiste des signes.

• **Vos atouts :** cette profonde humanité qui fait de vous l'ami(e) idéal(e) et votre créativité, car il vous arrive d'avoir des idées géniales, bien en avance sur leur temps ! Ce sens de l'anticipation, allié au sens pratique de la Vierge, fait de vous une personnalité qui a quelque chose de plus que les autres. Mais, la plupart du temps, vous n'en êtes pas tout à fait conscient !

• **Vos difficultés :** un esprit de contradiction parfois agaçant pour vos proches. Vos exigences et votre souci de perfection, qui peut se révéler obsédant.

• **Vos fragilités :** le système endocrinien, le système neurovégétatif.

Uranus et Saturne sont vos planètes maîtresses ; suivez leurs mouvements avec attention.

> VOTRE ÂME SŒUR

Selon votre signe et votre ascendant-descendant. Le descendant est le secteur opposé à l'ascendant et représente le monde des autres, les rencontres, les unions et associations... Vous avez besoin de stabilité et de sécurité, mais comme vous avez l'esprit de contradiction, vous vous mettez souvent en danger, ou en déséquilibre. Vous êtes capable de passion, tout en la contrôlant parfaitement. Vos relations amoureuses ne sont jamais simples et l'on peut se demander si vos priorités ne sont pas ailleurs ! Avec votre descendant en Lion, signe opposé et complémentaire du Verseau, vous avez besoin de partenaires qui soient dignes d'admiration, dont la réussite vous éblouisse, ou dont l'intelligence vous impressionne. Les Lion ou ascendant Lion sont donc particulièrement indiqués (ou toute personne ayant la Lune, voire Vénus dans ce signe), car ils possèdent ce qui vous manque, c'est-à-dire qu'ils n'ont pas peur du regard des autres et que réussir ne les effraie pas ! Les Bélier ou ascendant Bélier vous attireront aussi, car vous admirerez leur énergie physique, leur endurance. Les Sagittaire ou ascendant Sagittaire seront également de bons partenaires, surtout pour échanger des idées et jouer avec les mots. Les Balance ou ascendant Balance vous séduiront, mais leur tendance à dépendre de l'autre vous fera peur. Avec les Gémeaux ou ascendant Gémeaux, vous vous amuserez énormément, mais vous n'aurez pas la même façon d'envisager l'existence.

ASCENDANT POISSONS

Vous êtes comme une éponge et absorbez tout ce qui vient de votre environnement. Hypersensible et intuitif, vous savez vous mettre à la place des autres. Un peu trop même ! Votre générosité et votre dévouement vont souvent jusqu'au sacrifice de vos propres intérêts. D'ailleurs, on dit de vous que vous êtes très – voire trop – gentil, et on vous reproche souvent vos comportements de dépendance, votre besoin d'approbation. Les moments de confiance alternent avec une tendance à vous dévaloriser et vous n'avez pas toujours conscience de vos qualités. On pourrait penser que vous vous traitez avec indifférence, car vous valorisez les autres et vous regardez vous-même avec beaucoup de dureté. Au contraire de la Vierge classique, vous avez tendance à la fusion, au mélange, à l'indifférenciation et, pour trouver ou préserver votre identité, vous devez apprendre à faire la part des choses, à être plus critique. Dire non vous est difficile, mais il est indispensable à votre développement que vous appreniez à le faire ! Vous détestez les conflits, et la fuite est souvent votre meilleure arme. Vous la pratiquez également quand vous refusez quelque chose, ou quelqu'un, car c'est votre manière à vous de dire non ! Par ailleurs, vous avez un bon sens politique, êtes conscient des règles et des lois à respecter, même si vous avez parfois envie de dépasser les limites ! Plus que d'autres, vous vous intéressez à la vie de votre communauté. Votre sens des valeurs, issu de votre éducation, est également l'une de vos qualités, mais elle peut se retourner contre vous en vous enfermant dans un système trop rigide.

• **Vos atouts :** les chocs et les traumatismes glissent sur vous, ou en tout cas c'est l'impression que vous donnez. En réalité, votre sensibilité est tellement forte que, très tôt, vous apprenez à vous en protéger. Par ailleurs, vous avez le sens du secret et l'on peut vous faire confiance quand on vous confie un travail.

• **Vos difficultés :** vous vous dissimulez souvent la vérité et bâtissez des romans dans votre tête. Vous êtes aussi très gourmand et avez donc tendance, plus que les autres, à prendre du poids.

• **Vos fragilités :** la circulation principalement, ainsi que le transit intestinal, trop rapide ou trop lent.

Neptune et Jupiter sont vos planètes maîtresses, étudiez leurs mouvements avec une attention particulière.

> VOTRE ÂME SŒUR

Selon votre signe et votre ascendant-descendant. Le descendant est le secteur opposé à l'ascendant et représente le monde des autres, les rencontres, les unions et associations... Vous avez du mal à canaliser votre sensibilité et cela peut vous déstabiliser dans vos rapports avec les autres. La timidité et le manque de confiance en soi sont en effet souvent présents dans votre signature astrale. Mais quand vous avez trouvé le partenaire idéal, celui ou celle qui sait vous donner confiance en vous, vous soutenir et vous aider à vous développer, vous savez très bien vous en occuper, l'entourer de petites attentions tendres et délicates. Votre descendant étant dans votre propre signe, la Vierge, vos partenaires doivent avoir un certain sens pratique et être plutôt organisés. Ils doivent vous poser des limites, sans pour autant vous empêcher d'être créatif et imaginatif. Ceux de votre signe, les ascendant Vierge ou ceux qui ont la Lune, voire Vénus dans ce signe, ont les qualités requises et vous formerez un bon couple avec eux. Mais les Taureau ou ascendant Taureau auront également beaucoup à vous apporter, et principalement la stabilité dont vous avez besoin. De plus, leur sensualité stimulera la vôtre. Même chose avec les Cancer ou ascendant Cancer, mais leurs fréquentes sautes d'humeur risquent de vous déstabiliser par moments. Les Scorpion ou ascendant Scorpion seront souvent des partenaires de choix, mais vous aurez tendance à vous « prendre la tête » ! N'oubliez pas les Capricorne ou ascendant Capricorne, qui vous apporteront une forme de sécurité.

Vos affinités avec les autres signes

VIERGE AVEC BÉLIER

♍ + ♈

Autant vous êtes prudent, réfléchi et souvent inquiet, autant le Bélier est fonceur, irréfléchi et inconscient du danger... Mais votre association peut être intéressante, dans la mesure où ce signe de Feu vous bousculera dans vos habitudes et vous obligera à agir au lieu de réfléchir. Cependant, l'aimerez-vous assez pour vous nourrir de vos différences ? Si c'est le cas, votre union a des chances de s'inscrire dans la durée.

• **Si vous voulez que ça dure :** ne l'obligez pas à réfléchir avant d'agir, prouvez-lui concrètement que c'est son intérêt, parfois, de retenir son impulsivité. Et si vous avez des remarques à lui faire, veillez à ce qu'elles restent constructives, car c'est quelqu'un d'essentiellement positif.

VIERGE AVEC TAUREAU

° ♍ + ♉ °

L'entente devrait être excellente entre ces deux signes de terre aussi prudents et prévoyants l'un que l'autre ! Le Taureau aura le côté rassurant et sécurisant dont vous avez besoin pour vous épanouir. De plus, sa sensualité stimulera la vôtre, souvent inhibée par trop de « mental ». La relation sera très confortable et vous construirez du solide. Mais les habitudes risquent de vous endormir.

• **Si vous voulez que ça dure :** ne le rendez pas jaloux. À éveiller ses soupçons, vous mettriez le feu aux poudres et détruiriez la confiance qui est à la base de votre relation. Par ailleurs, entretenez soigneusement la flamme en lui proposant, de temps en temps, de sortir de la routine.

VIERGE AVEC GÉMEAUX

° ♍ + ♊ °

Vous avez des points communs, en particulier l'humour, le sens de l'observation et de la critique... Vous vous entendrez parfaitement à juger les autres et à vous amuser de leurs petits travers. Mais entre vous, le torchon brûlera, car vous aurez du mal à accepter l'insouciance de votre Gémeaux. Son caractère adolescent vous semblera difficile et il vous faudra beaucoup d'amour pour aller au-delà de ce que vous lui reprochez.

• **Si vous voulez que ça dure :** abandonnez l'idée de le mettre en cage et de le faire entrer dans un moule. Avec le temps, il pourra très bien s'adapter à votre mode de vie, mais il faut que cela vienne de lui. Et ayez de l'indulgence pour ses bavardages incessants.

VIERGE AVEC CANCER

♍ + ♋

A priori, c'est une excellente association entre la terre et l'eau. La nature « humide » – c'est-à-dire émotive et sensible – du Cancer nourrira les aspects « secs » de votre personnalité et vous « branchera » davantage sur votre monde sensible, mis à mal par votre besoin de contrôle et de maîtrise. De votre côté, vous saurez le raisonner et surtout lui apporter la sécurité dont il a essentiellement besoin.

• **Si vous voulez que ça dure :** soyez indulgent, et tenez compte du fait que le Cancer, qui n'a pas trop la notion du temps, est toujours en retard à ses rendez-vous, pour prendre le train ou l'avion. La Vierge étant souvent l'incarnation de l'exactitude, vous risquez d'en souffrir !

VIERGE AVEC LION

♍ + ♌

Une rencontre, deux possibilités : soit vous serez ébloui par sa prestance, par sa grandeur d'âme et par sa brillante intelligence, et il sera à jamais votre idole, un modèle de perfection... Soit votre nature discrète et modeste sera très agacée par ses côtés vantards et parfois vaniteux. Vous finirez par le critiquer sur tout et il sera déçu de constater qu'il ne vous impressionne pas, ou plus tellement.

• **Si vous voulez que ça dure :** évitez de le reprendre en public, d'évoquer ses défaillances, bref de le dévaloriser. Ce serait, à très court terme, un motif de rupture. Au contraire, il faut savoir flatter les Lion et ne pas tenir compte de leurs efforts pour se faire remarquer.

VIERGE AVEC VIERGE

C'est la rencontre de deux esprits, en général plutôt compliqués et trop portés sur l'analyse et la critique. Cependant, si vous arrivez à rester positif, vous pouvez vous aider à évoluer et à dépasser ce qui vous limite. Car il n'y aura pas miroir plus fidèle que lui, sauf si vos ascendants sont contraires. En outre, vous aurez tous deux un sens aigu du ridicule et saurez faire de votre couple un modèle du genre.

• **Si vous voulez que ça dure :** vous savez quoi faire ! Ne pas le rabaisser ni taper là où ça fait mal... De son côté, il trouvera rapidement vos failles, alors ne vous en cachez pas : sachez le désarmer en lui montrant dès le départ que vous n'êtes pas parfait.

VIERGE AVEC BALANCE

La Balance possède une réserve naturelle, qui cache cependant un feu intérieur, une passion intense. Cette réserve, qui ressemble à la vôtre, mais seulement par certains côtés, vous intriguera et vous attirera comme un aimant. Votre relation devrait être constructive, car votre partenaire peut vous aider à vous laisser aller davantage à votre sensualité et à vos émotions. Mais il ne faudra pas vous agacer, à la longue, d'une sentimentalité que vous jugerez excessive.

• **Si vous voulez que ça dure :** évitez d'accumuler les non-dits et faites preuve de tolérance vis-à-vis de l'indécision chronique de ce signe. Il ne sait pas ce qu'il veut et change d'humeur sans arrêt ? Il vaut mieux en rire ou vous en attendrir que d'essayer de le transformer.

VIERGE AVEC SCORPION

Vous avez de très belles affinités avec ce signe, la complexité de vos esprits s'accordant à merveille. Vous serez fasciné par ses aspects sulfureux, par sa tendance parfois négative à aller au bout des choses, même si cela doit lui faire du mal... Vous serez séduit par son intelligence diabolique et son humour dévastateur. De plus, il fera régner une sensualité torride qui vous aidera à débloquer votre libido, à oublier vos tabous.

• **Si vous voulez que ça dure :** la confiance sera la base de votre relation, mais il mettra du temps à vous la donner. Ne la trahissez jamais et évitez de jouer avec sa jalousie, parfois maladive. Mais n'entrez pas non plus dans son jeu en vous justifiant dès qu'il vous soupçonne.

VIERGE AVEC SAGITTAIRE

⋆° ♍ + ♐ °⋆

C'est tout le contraire de vous ! Autant vous êtes discipliné et prévoyant, autant il déteste toute forme de contrainte et tout projet qui risque de l'enfermer dans un moule. Il est « désordre » et adore ce qui peut le faire voyager, autant dans sa tête que réellement. Vous êtes plutôt ordonné et préférez votre chez-vous au grand monde. Mais vous serez très attiré, car il vous rappellera l'un de vos parents ou l'un de vos ex.

• **Si vous voulez que ça dure :** vous avez intérêt à partager ses passions, qu'elles soient sportives ou intellectuelles. C'est aussi un bon vivant, qui aime avec excès... Vous pouvez très bien le canaliser, mais sans pour autant le critiquer sans cesse. Il jouerait les filles de l'air.

VIERGE AVEC CAPRICORNE

⋆° ♍ + ♑ °⋆

C'est une union positive, qui s'impose tout de suite tant vous avez de points communs. Le sérieux et le sens des responsabilités du Capricorne ne peuvent que vous attirer et vous rassurer. Vous avez tout ce qu'il faut pour construire une relation solide et durable, et réussir votre vie sur le plan tant sentimental que professionnel. Mais la passion se transformera rapidement en communauté d'intérêts. Après tout, pourquoi pas ?

• **Si vous voulez que ça dure :** ne le laissez pas trop s'isoler dans son coin, provoquez le dialogue, car c'est un silencieux qui peut très bien se passer de communication. Installez des petites habitudes tendres dès le départ, il n'est pas non plus très démonstratif de ce côté-là.

VIERGE AVEC VERSEAU

♍ + ♒

C'est un trublion qui viendra bousculer votre vie jusque-là si bien ordonnée. Mais peut-être en avez-vous besoin ? En tout cas, vous serez fasciné, dans un premier temps, par sa créativité et sa rapidité à tout comprendre. Toutefois, vous risquez de devenir chèvre à la longue : des dîners à pas d'heure, des copains qui débarquent n'importe quand, et des projets à profusion... Il vous semblera être d'une autre planète.

• **Si vous voulez que ça dure :** il n'y a pas d'autre solution que de vous adapter à son rythme en déployant des trésors d'indulgence. Voire d'humour, ce dont vous ne manquez ni l'un ni l'autre. Ne le privez pas de sa liberté : plus vous chercherez à l'enfermer, plus il vous échappera.

VIERGE AVEC POISSONS

♍ + ♓

C'est votre signe complémentaire, celui qui vous fait face sur la roue du zodiaque. Assoiffé de tendresse et d'amour, il vous donnera beaucoup et vous fera découvrir tout un monde de sensation, d'émotions. Pourvu que vous acceptiez de vous y ouvrir, et que vous n'ayez pas peur de frayer avec un être aussi peu structuré, et parfois très fuyant. Il vous en fera voir de toutes les couleurs si vous vous laissez attraper trop facilement.

• **Si vous voulez que ça dure :** ne lui dites pas tout sur vous, préservez une part de mystère qui lui permettra de fantasmer à loisir. C'est une de ses activités préférées et si vous l'en privez, il ira voir ailleurs. Compatissez à ses malheurs, il adore se faire plaindre.

Quel amoureux êtes-vous ?

Seule la position de Vénus dans votre thème peut vous renseigner sur votre manière d'être amoureux et sur ce que vous attendez d'un(e) partenaire. Sa distance au soleil est réduite, ce qui signifie qu'elle ne peut se trouver que dans cinq signes : le vôtre, les deux qui le précèdent ou les deux qui le suivent. Vous êtes Vierge, Vénus ne peut donc occuper que votre propre signe, ainsi que le Cancer, le Lion, la Balance ou le Scorpion. Votre signe étant associé à la pudeur, à la modestie et souvent au manque de confiance en soi, vous n'avez pas la réputation d'être un grand amoureux ; mais ce n'est bien sûr qu'une apparence et il vous arrive plus souvent qu'on ne le pense de brûler de passion contenue. C'est d'ailleurs parfois une souffrance pour vous, car vous avez du mal à maîtriser ce que vous ressentez ! Vous êtes délicat, respectueux de l'autre, capable d'attentions touchantes, et votre pudeur vous empêche de demander. Vous attendez que l'être aimé vous devine et soit en écho avec vous. Habile dans l'art de prévoir ce qui fera plaisir, vous savez également penser à sa place ! À surveiller toutefois, les petites remarques et autres critiques parfois acides sur sa façon d'être.

SI VOUS AVEZ VÉNUS EN VIERGE

Évidemment, les tendances du signe sont accentuées par la présence de Vénus, mais elles sont aussi adoucies ! Cette configuration est un indice de grand dévouement à vos proches : pour vous faire aimer, accepter, vous êtes capable de vous mettre totalement au service de l'autre, de lui faciliter la vie au point de compliquer terriblement la vôtre. Et même si de toute évidence on vous adore, vous vous demandez pourquoi, et ce qu'on vous trouve de si aimable. Vous avez peur que cela ne dure pas si vous n'êtes pas parfait aux yeux de celui ou celle que vous aimez et faites sans cesse des efforts. Mais à force de douter de vous, vous incitez l'autre à douter également ! Essayez de vous laisser aller davantage et de ne pas interpréter de manière négative les messages qui vous sont envoyés. D'ailleurs ce ne sont peut-être même pas des messages, mais des comportements ou des attitudes ordinaires, qui ne heurteraient pas un autre signe que le vôtre !

SI VOUS AVEZ VÉNUS EN BALANCE

Vénus est là dans son « domicile » et exprime à fond sa sensualité, sa tendresse, mais aussi sa grande séduction. Cette configuration vous permet de dépasser les inhibitions de la Vierge et de jeter son excès de pudeur aux orties. Vous avez un impérieux besoin de plaire, dépassant de loin la réserve naturelle qui est la vôtre et vous invitant à oublier votre timidité en chemin. Vous êtes également un peu moins critique à l'égard de ceux que vous aimez, et même si votre regard d'aigle sait appréhender leurs défauts et leurs faiblesses, cela n'empêche pas vos sentiments d'évoluer positivement. Vous acceptez votre partenaire tel qu'il est, ce qui est une garantie d'union agréable et durable. Si vous tombez sur quelqu'un qui aime autant partager que vous et qui a le même souci d'établir une relation équilibrée, sans rapports de force, on peut dire que vous serez pleinement heureux !

SI VOUS AVEZ VÉNUS EN SCORPION

Très « sexuelle » et teintée d'un fort érotisme, tout en étant plutôt romantique, la Vénus en Scorpion est une bénédiction pour la Vierge ! Elle vous permet de vous lâcher quand vous êtes en confiance et de vivre des amours aussi intenses qu'orageuses. Ce type de relation vous fait vous sentir plus vivant que jamais ! Toutefois, votre sens critique est accentué par une telle configuration et vous disposez d'une ironie mordante. L'autre n'a pas intérêt à faire preuve de faiblesse, de lâcheté, ou simplement de tiédeur dans ses sentiments : vous ne manqueriez pas de lui faire comprendre à quel point il est nul. En conséquence, peu nombreux sont ceux qui trouvent grâce à vos yeux, soit parce que vous n'avez pas confiance, soit parce que vous ne les jugez pas dignes de vous. Et pour vous conquérir, ils doivent subir de nombreux tests !

SI VOUS AVEZ VÉNUS EN CANCER

Cette Vénus peut accentuer votre timidité, d'autant plus qu'elle s'accompagne d'une grande émotivité. Cependant, derrière des allures de dur à cuire se cache une personnalité d'une grande tendresse et d'une grande vulnérabilité. Votre imaginaire se nourrit de vos lectures, de votre sens de l'observation et des modèles qui vous entourent et il vous fait voir l'amour sous un angle parfois trop romantique. La réalité est tout autre, et les relations concrètes, vécues au quotidien, sont certainement plus compliquées que vous ne le souhaiteriez. Toutefois, si elles ne vous « prennent pas la tête », vous n'avez pas vraiment l'impression d'aimer... Vous avez également tendance à vous faire trop de souci pour vos proches, votre imaginaire vous incitant à toujours anticiper le pire !

SI VOUS AVEZ VÉNUS EN LION

Admirer et être admiré, tel est le profond désir de la Vénus en Lion, pour qui le regard amoureux de l'autre vaut toutes les déclarations les plus enflammées. Inutile de préciser que cette disposition se heurte au retrait et à la pudeur de la Vierge que vous êtes. Aussi vous arrive-t-il d'éprouver des sentiments profonds, sincères et exaltants pour des personnages inaccessibles, ou que vous mettrez sur un piédestal qu'ils ne méritent peut-être pas ! Ce qui vous permet de rester en retrait, tout en brûlant de passion. Quand vous arrivez à dépasser cette tendance, quand vous acceptez que l'autre ne soit pas un être parfait et idéal, vous pouvez obtenir un équilibre satisfaisant. Après quelques déceptions, bien sûr ! En couple, vous devrez veiller à respecter l'indépendance de l'autre.

Comment calculer votre ascendant ?

Pour calculer votre ascendant, votre décan et savoir où se trouvent les planètes de votre thème:

allez sur celastro.com

Retrouvez Christine Haas

https://www.instagram.com/chrishaasoff

https://www.twitter.com/chrishaasoff

https://www.youtube.com/c/ChristineHaasOff

https://www.facebook.com/Celastro-107986160587123

Printed by Amazon Italia Logistica S.r.l.
Torrazza Piemonte (TO), Italy

56017320R00077